Janina

RAHIM TAGHIZADEGAN

Geld her oder es kracht!

Was jede(r) über Geld jetzt wissen muss!

In der Reihe „Streitschriften“ werden mehrmals jährlich führende österreichische Journalistinnen und Journalisten pointiert zu brisanten Themen Stellung beziehen, um einen notwendigen weiterführenden Diskurs zu befeuern.

Mehr auf www.streitschriften.at

RAHIM TAGHIZADEGAN

Geld her oder es kracht!

Was jede(r) über Geld jetzt wissen muss!

leykam:

Covergestaltung: Peter Eberl, www.hai.cc
Satz: Gerhard Gauster
Druck: Steiermärkische Landesdruckerei GmbH
Gesamtherstellung: Leykam Buchverlag

ISBN 978-3-7011-8131-5
www.leykamverlag.at

Inhalt

Was jede(r) über Geld jetzt wissen muss!

Geld verdienen und ausgeben, das tun fast alle gerne. Für das Geldsystem und die Geldpolitik interessieren sich jedoch nur sehr wenige. Deshalb blieb, fern des politischen Diskurses und der Alltagserfahrung, ein schleichender Prozess der Veränderung der Grundlagen unseres Wirtschaftens und damit unseres Lebens weitgehend unbemerkt. Geldtheorie gehört zu den schwierigsten Themenbereichen, nur wenige verstehen die komplexen Zusammenhänge. Interesse findet dieser Themenbereich oft nur in Krisenzeiten, wenn viele die Umbrüche in der Geldbörse spüren, sonst nur bei der Fundamentalopposition, welche den „Kapitalismus" – gemeint ist in der Regel die moderne Gesellschaft – ablehnt und durch eigene Pläne ersetzen möchte.

Diese Streitschrift möchte über die aktuellen Zusammenhänge und möglichen Entwicklungen aufklären, ohne allzu wütend zu politisieren. Weil Geld heute so wichtig ist, treffen bei dem Thema auch fast alle Ideologien feindlich aufeinander. Ohne Verständnis aber schon zu Reform, Reaktion oder Revolution zu schreiten, ist jedoch nicht empfehlenswert.

Es steht sehr viel auf dem Spiel. Manche Entwicklungen unserer Tage stellen ernsthafte Bedrohungen von Frieden, Freiheit und gesellschaftlichem Miteinander dar. Verborgen in der Komplexität der Geldtheorie liegen wahre Abgründe. Gerade deshalb ist kühler Kopf zu bewahren. Diese Streitschrift soll keine populistische Suada sein, keine utopische Endlösung aller Probleme, keine Kampfschrift für Einzelinteressen oder eine bestimmte Ideologie. Sie streitet für bürgerliche Aufklärung und Eigenverantwortung, mit gebührendem Respekt für andere Positionen, aber in aller Dringlichkeit, die durch den Ernst der Lage geboten ist. Wir stehen vor großen Weichenstellungen, über die sich jeder Bürger bewusst sein sollte. Bei aller Schwierigkeit des Themas versucht diese Streitschrift eine allgemeinverständliche Übersetzung für den interessierten Laien und zwischen den ideologischen Lagern.

In unserer Zeit der Gegensätze und der Uneinigkeit gibt es nur noch wenige Prinzipien, die alle teilen. Das vielleicht letzte Prinzip, das sich nahezu universeller Zustimmung erfreut, hat ein angehender Philosoph an der altehrwürdigen Wiener philosophischen Fakultät als Graffiti an die Wand gesprüht und damit eine tiefe Wahrheit verkündet: „Mehr Geld!" Diese Devise ist nicht nur parteiübergreifender Konsens, sondern tief in unser Leben eingeschrieben.

Da ist zunächst ein vermeintlicher Wachstumsdruck, den viele beklagen, dem sich aber nur wenige entziehen können. Mehr Gehalt, mehr Budget, mehr Rendite! Doch auch die Wachstumsfeinde haben stets zu wenig Geld für ihre Ziele. Es bräuchte mehr Geld, um den Klimawandel zu stoppen, mehr Geld, um die Armut zu bekämpfen, mehr Geld für Bildung und Kultur. Sogar die Gegenkultur der Punks fordert höhere Budgets ein, um ihre „besetzten" Häuser zu subventionieren. Oft ist die Rede von Sachzwängen und Kaputtsparen, von Austerität und Geiz, von sinkenden Renditen und Zinsen. Man müsste also schließen, dass das Geld knapp geworden ist. Geht uns das Geld aus?

Das ist gar nicht so leicht zu messen. Die europäische Zentralbankgeldmenge M0, die Geld im engsten Sinne umfasst, darunter die Euro-Geldscheine, hat sich in den letzten Jahren verdreifacht. Ihr Wachstum ist exponentiell, seit die Europäische Zentralbank (EZB) Liquidität aus dem Nichts schöpft, um damit Wertpapiere aufzukaufen. Die EZB hat Billionen in die Märkte gesteckt und folgt damit dem Beispiel des US Federal Reserve System (Fed), das seit der letzten großen Finanzkrise insgesamt mehr als 30 Billionen (13 Nullen!) Dollar kreiert hat, um sie zu verleihen oder auszugeben.

Diese Subvention an die Wall Street, bzw. die Halter von Finanztiteln, könnte man als Wohlfahrstaat für Reiche bezeichnen. Das Geld geht also nicht aus, nur die Anspruchshaltung wächst. Wir sprechen noch mit Ehrfurcht von Millionären, doch die zählen eigentlich schon zu den

Armen – da geht sich kaum noch ein Eigenheim in guter Lage aus. Heute ist die Billion anstelle der Million getreten, eine Million Millionen, was nach hyperinflationärer Vermehrung erscheint. Doch nur die nominalen Vermögenswerte vermehren sich in den letzten Jahren, nicht die Produktivkredite, nicht die Güterpreise.

Geldmengenwachstum ist eine Konstante der Geschichte. Staaten haben immer schon, fast ohne Ausnahme, die Geldmenge stärker erhöht als der reale Wohlstand gewachsen ist. Das hat Vorteile für den Staat und die privilegierten Geldschöpfer: Ökonomen nennen diese Vorteile *Seigniorage* und *Cantillon-Effekt*. Ersteres ist der direkte Wohlstandszuwachs durch Geldschöpfung, letzteres die indirekte Umverteilung von den Letztempfängern des neuen Geldes hin zu den Erstempfängern. Die Schöpfer und Erstempfänger können bei alten Preisen einkaufen, die ansteigen, bis die letzten in der Verteilungskette das neue Geld erhalten, dessen Kaufkraft dann schon gefallen ist. Immer wieder ging in der Geschichte das Vertrauen der Menschen in das Geld verloren bzw. wurde missbraucht. Allein seit dem ersten Weltkrieg gab es weltweit 57 Hyperinflationen, in denen die meisten Menschen ihre Ersparnisse verloren.

Die neue Normalität der Zentralbankpolitik bedeutet bislang massive Geldmengenausweitung ohne Hyperinflation. Die Preissteigerungen erreichen noch nicht einmal das willkürliche Niveau, das als „Inflationsziel“ vorgegeben ist. Geld wird geschöpft, aber es kommt in der Realwirtschaft nicht an. Das heißt, die allermeisten Menschen verspüren keine Einkommenszuwächse, sondern eher Einkommensdruck aufgrund der steigenden Vermögenswerte wie Immobilien. Entsprechend wächst eine wütende Anspruchshaltung heran, die in der Devise enden könnte: Geld her oder es kracht!

Billionen für die Wall Street, für Spekulanten, für vermögende Anleger – der kleine Mann und die kleine Frau, insbesondere aber diejenigen, die sich als ihre Vertreter ausgeben, hätten auch gerne das eine oder andere Billiönchen. Ein Sparkurs ist angesichts offenbar unbeschränkten Geldes schwer durchzusetzen.

Das Anwerfen der Geldpresse ist zwar der politisch einfachste Weg, löst aber die zugrunde liegenden Probleme nicht. Ich möchte Ihnen in dieser Streitschrift erklären, warum die aktuelle Entwicklung so bedenklich ist, was die nächsten politischen Schritte sein werden und wie Sie sich am besten schützen können.

Drei Geldgeschichten

Geldpolitik und die Rolle von Staat oder Markt werden sehr kontrovers diskutiert. Die unterschiedlichen Interessensgruppen stehen sich dabei unversöhnlich gegenüber. Da Sachzwänge, nicht Überzeugungen am Werk sind, braut sich eine ideologische Reaktion zusammen.

Um aktuelle und kommende Debatten besser zu verstehen, ist es notwendig, die Entstehungsgeschichten unterschiedlicher Perspektiven auf das Thema Geld zu betrachten. Diese Geldperspektiven sind Erzählungen, die sich alle jeweils für die einzig wahre Geschichte des Geldes halten.

Dabei lassen sich drei grundlegende Perspektiven unterscheiden. Ich nenne sie die gemeinschaftliche Perspektive, die staatliche Perspektive und die gesellschaftliche Perspektive. Die erste Perspektive nehmen heute oft kirchliche Vertreter oder alternative Linke wie David Graeber ein, die zweite Perspektive ist traditionell eher bei Konservativen zu finden, aktuell aber eher bei der als „links" eingestuften *Modern Monetary Theory*, die letzte Perspektive ist eher diejenige von Verfechtern einer freien Marktwirtschaft.

Die gemeinschaftliche Perspektive

Die erste Perspektive ist die der Sehnsucht nach Gemeinschaft, der kleinen Sippe, an die wir evolutionär angepasst sind. Diese Perspektive, die den Menschen als Gemeinschaftswesen sieht, ist auch die urchristliche. Mit ihr verbunden ist eine besondere Interpretation der Geldgeschichte, die Geld eher kritisch betrachtet und vor allem vor einer zu starken Geldorientierung warnt. Die Geschichte bietet für diese Perspektive am meisten Material, da Menschen über die längste Zeit der Geschichte in engen Sippenverbänden lebten.

Innerhalb der Sippe erübrigt sich in aller Regel die Nutzung von Geld. Nimmt der Geldverkehr zu, so ist dies stets ein Hinweis für die Auflösung von Gemeinschaften. Menschen, die ähnlichen Tätigkeiten nachgehen, tauschen allenfalls Überschüsse. Einen anonymen Wertträger brauchen sie dazu nicht. Was soll ein Subsistenzbauer schon mit Überschüssen anfangen, als sie anderen zur Verarbeitung zu überlassen?

Die gemeinschaftliche Perspektive auf das Geld sieht also zu Recht eher Phänomene der Schenkökonomie oder allenfalls ein freies Anschreiben einseitiger Tauschakte, die über längere Zeiträume auf Gegenseitigkeit beruhen. Somit erscheint Geld als bloßes Zeichensystem, als Dokumentation und Würdigung eines zwischenmenschlichen Energieflusses.

Diese Perspektive lässt oft sakrale Ursprünge des Geldes vermuten. In der Tat ist eine wesentliche Form des Gütertausches, des Sparens und der Gütererfassung auf das Opfer gerichtet. Alte Werteinheiten verraten zum Teil diesen Ursprung im Opfer: Im antiken Griechenland wurde der Dreifuß, ein Opferaltar, als Werteinheit bemüht und gar auf viele Münzen geprägt. Der Obolus, der uns immer noch geläufig ist, hat ebenfalls griechischen Ursprung. Er bezeichnet einen Fleischspieß als alte Maßeinheit für Fleischopfer.

In der gläubigen Gemeinschaft wird das Opfer immer mehr zu einem Bekenntnis. Durch sozialen Druck erfolgt das Opfer dann nicht mehr vor Gott, sondern vor der Gemeinschaft. Um Trittbrettfahrer zu vermeiden, wird das Opfer gemeinschaftlich anerkannt, erfasst und damit für alle sichtbar gemacht.

In der gemeinschaftlichen Perspektive ist Geld primär Zeichengeld: Es ist ein Zeichen der Anerkennung und Würdigung für Dienst an der Gemeinschaft. Dafür steht das Symbol auf Münzen, das weder Kopf noch Zahl ist: Es symbolisiert die Gemeinschaft bzw. den gemeinsamen religiösen Bezug. So war der Dreifuß, der sich auf vielen alten Münzen findet, zugleich Opferstelle und Opfermaß. In säkularen Zeitaltern treten nationale, kulturelle und politische Symbole anstelle der religiösen. All diese Symbole signalisieren Zugehörigkeit zu einer – später meist fiktiven – Gemeinschaft.

Die staatliche Perspektive

Die zweite Perspektive auf das Geld ist die staatliche. Diese sieht die ungeheure Bedeutung, die Geld zur Organisation großer, kollektiver Vorhaben hat. Dabei geht es um das Steuern einer größeren Menschenzahl für einheitliche, vorgegebene Zwecke. Zu steuern ist die Grundfunktion des staatlichen Geldes, und Steuern sind die Grundlage eines solchen Geldsystems.

Der Zusammenhang zwischen Steuern, Geld und Organisation wird anhand eines Beispiels aus dem alten Rom deutlich: Die Versorgung von Truppen am anderen Ende der Welt ist in Imperien schwierig. Das römische Imperium löste dieses Problem auf geniale Weise durch Geld. Im gesamten Reich galt eine Steuerpflicht, die in staatlichem Münzgeld zu leisten war. Gleichzeitig erhielten die Soldaten ihren Sold in diesem Geld. Jeder römische Untertan hatte also zur Leistung der Steuer Bedarf an Münzen. Im unmittelbaren Hinterland der Front, also auf gerade erst unterjochtem Territorium, waren die ersten und einzigen Quellen dieser Münzen eben die Soldaten. Die Bevölkerung musste sich also, um die Steuerpflicht leisten zu können, den Soldaten andienen, indem sie ihnen Lebensmittel und was die Männer sonst begehrten gegen den Sold bereitwillig zum Tausch brachten. Das Geldsystem wird auf diese Weise zum globalen Versorgungssystem und erlaubt Organisation in großem Stil.

Dafür steht der Kopf auf der Münze. Es ist der Kopf des Caesars, des Souveräns, dem man Steuern schuldet. In einer unpersönlichen Herrschaft hält der Souverän nicht mehr seinen Kopf hin, sondern versteckt sich hinter Symbolen. So kann sich staatliches Geld leicht hinter einer gemeinschaftlichen Fassade verbergen.

Der Ursprung des Geldes als Mittel der Organisation ist eine Schuld. Meist ist es die Steuerschuld, die dann als Urschuld legitimiert wird: als Ausdruck der Pflicht gegenüber der Gemeinschaft. Schulden sind fordernde Beziehungen, die Zwang bei Nichtbegleichung der Schuld legitimieren. Jede Form der Organisation, der Führung von größeren Menschengruppen gegen ihre diversen Einzelinteressen erfordert Verpflichtungen dieser Art.

Die gesellschaftliche Perspektive

Es gibt allerdings auch spontane Organisation, und diese liegt im Fokus der dritten Perspektive: der gesellschaftlichen. Unter Fremden beschränkt das Vertrauensproblem das Entwickeln von friedlicher Gegenseitigkeit. Die Anzahl möglicher Tauschakte ist zunächst gering und der Tauschhandel stets vom Scheitern bedroht. Daher wird die genaue Vergleichbarkeit der angebotenen Güter wichtiger.

Unter Fremden sind bestimmte Güter leichter tauschbar als andere. In der Ökonomik spricht man bei dieser Eigenschaft von der Absatzfähigkeit. Vieh hat etwa unter Fremden eine höhere Absatzfähigkeit als Fleisch. Folgendes Beispiel soll dies veranschaulichen: Der fremde Hirte, Angehöriger einer Nomadensippe, kommt ins Tal und besucht die Siedlung einer sesshaften Sippe. Er hat einen Vorrat Fleisch geschultert und hofft, dafür im Tausch Gemüse zu erhalten. Der erste potentielle Tauschpartner traut dem Hirten überhaupt nicht, er verbarrikadiert sich, weil er ihn für einen gefährlichen Räuber hält (die Konflikte zwischen Nomaden und Sesshaften sind uralt). Der zweite verjagt ihn, weil er seine Anwesenheit für unglücksverheißend ansieht, immerhin beten die Nomaden groteske Naturgötter an und nicht den einzig wahren. Der dritte ekelt sich vor dem Fleisch, es riecht zwar noch gut, aber womöglich ist es schon verseucht, immerhin ging es durch die schmutzigen Hände der Nomaden. Der vierte wäre grundsätzlich offen, doch leider hat er selbst erst geschlachtet und genügend Fleisch für die Woche. Im nächsten Tal aber könnte es noch Fleischbedarf geben. Der Hirte könnte das Fleisch also in der prallen Sonne weiterschleppen oder er müsste auf den Tausch verzichten und es selbst konsumieren oder verschenken.

Vieh hingegen ist absatzfähiger, da es sich selbst trägt. Mangelt es in einem Tal gerade an Nachfrage, lässt sich das zu tauschende Vieh wesentlich leichter und ohne Qualitätseinbuße in das nächste

Tal führen. Daher haben viele alte Werteinheiten für den Tausch über Sippengrenzen hinweg (insbesondere für das Brautgeld) einen Bezug zum Vieh. Die indische Währung Rupie leitet sich beispielsweise vom Wort für Viehherde ab.

Vieh ist aber noch immer nicht das absatzfähigste Gut, da es nicht gleichartig genug ist. Viele vereinbarte Tauschakte enden letztlich im Konflikt, weil der zur Zahlung Verpflichtete oft das älteste und schwächste Vieh der Herde zahlt, wenn die Viehqualität nicht näher definiert ist. Als absatzfähigere Güter haben sich in der Geschichte Edelmetalle erwiesen, da sie völlig gleichartig, einer Qualitätsprüfung zugänglich, teilbar und transportierbar sind. Mangels Vertrauens unter Fremden ist das ursprüngliche Geld für solche Tauschakte nicht bloß Wertrepräsentant, sondern Wertträger.

Dafür steht die Zahl auf der Münze. Viele alte Münzbezeichnungen beziehen sich auf das Edelmetallgewicht. Die Zahl ist objektiv, anonym und messbar. Sie ist ebenso hart und kalt. Daher hat das Vorurteil, dass Geld Beziehungen zerstört, eine reale Grundlage. Geld, das selbständiger Wertträger ist, benötigt keine Beziehung und emanzipiert sich von dieser. Die kalte Kalkulierbarkeit gefährdet familiäre und freundschaftliche, religiöse und ideologische Beziehungen.

Doch das Vorurteil über das Geld ist einseitig. Geld stiftet auch Beziehungen. Eben weil es anonym und kalt ist. *Pecunia non olet*, sagten die Römer, Geld stinkt nicht. Selbst wenn mir der Fremde wortwörtlich „stinkt" (und natürlich schaffen unterschiedliche Nahrungsgewohnheiten auch unterschiedliche Gerüche), gar als unrein gilt, bleibt die kalte Münze mit der berechenbaren Zahl frei von dieser Abneigung. Edelmetalle sind edel, weil sie nicht mit der Umwelt reagieren; Silber ist sogar antibakteriell. Geld stiftet Beziehungen, wo sonst keine wären, nämlich Beziehungen zwischen Fremden. Das missfällt dann insbesondere Politikern, die von der Erweckung von Gemeinschaftsillusionen in großen Gesellschaften leben.

Doch *Pecunia non olet* wird aus der gemeinschaftlichen Perspektive immer auch als Nachteil des Geldes empfunden werden. Nicht nur Gerüche nimmt das Geld nicht an, auch von Blut bleibt es unbefleckt. Man sieht ihm die Herkunft nicht an. Schlimmste Verbrechen können es beschmutzt, schlimmste Frevel es entweiht haben.
Gerade weil Geld ein anonymer Vermittler ist, ist es auch ein so universelles Mittel. Unabhängig von den jeweiligen Grundhaltungen und Herkünften dient es den unterschiedlichsten Zwecken. Weil es ein so universelles Mittel ist, tritt es tendenziell aber auch anstelle der Ziele: Es wird zum Selbstzweck. Menschen beginnen, Geld zu

Verstoß gegen die göttliche oder Menschliche Ordnung aus bewusster Missachtung sammeln als Vorrat zur Erreichung potentieller Ziele. Diese Wertaufladung des Geldes, die einer Herrschaft des Potentiellen und Künftigen über das Konkrete und Gegenwärtige gleichkommt, wird meist als „Tanz um das goldene Kalb“ interpretiert.

Die blinden Flecken der Geldperspektiven

Die staatliche Perspektive stößt an zwei Seiten an ihre Grenzen, die jeweils im gemeinschaftlichen und gesellschaftlichen Blickwinkel liegen. Einerseits kann das Vertrauen kippen. Eine Elite nutzt dann Gewalt für ihre Zwecke, und der Gemeinschaftsgeist schwindet. Dann gerät die Steuerbasis und damit der Wert des staatlichen Geldes in Gefahr. Eine Gewaltspirale entsteht, die das Vertrauen weiter schwinden lässt, bis zum Bürgerkrieg. Die andere Grenze ist die der Wertschöpfung. Zentral kontrolliertes und geschöpftes Geld erlaubt die Bereicherung des Zentrums, die zunehmend Anreize zu Konsum und damit Kapitalverzehr setzt. In Zeiten stärker „organisierten“ Geldes geraten die Höfe der Herrschaft in Konsumspiralen.

Die verheerendste Form staatlichen Konsums ist Krieg: Dabei konsumieren die Organisatoren Prestige und Machtgefühle und lassen die Gesellschaft die Rechnung dafür zahlen. Da Krieg absolut unökonomisch ist, reichen die Steuern niemals aus, um langanhaltende Kriege zu führen. Die Besteuerten weichen zunehmend aus: Der Staat greift dann auf immer drakonischere Steuerjagd, auf private Auslagerung der Steuereintreibung (etwa die *publicani* im alten Rom) und auf Inflationierung zurück. Letztere ist eines der wenigen universellen Phänomene in der Geldgeschichte: Nahezu jedes staatliche Geld erfuhr drastische Verschlechterung. Solange noch ein Sachgeld zirkuliert, ist die Inflationierung jedoch beschränkt. Das Umprägen von Münzen ist aufwendig und teuer. Und auch bei einem Kredit- oder Zeichengeld führt Inflationierung zu einer Entwertung, die schließlich die Kriegsfinanzierung begrenzt. Kriege und Staatskonsum entwickeln daher stets einen Kreditbedarf, weil sie über die Möglichkeiten der Steuerfinanzierung und Inflationierung hinausgehen.

Dieser staatliche Kreditbedarf ist der Hintergrund einer Verschwörung zwischen der gesellschaftlichen und der staatlichen Perspektive, die ihren Höhepunkt im 19. Jahrhundert fand. Dabei geht es um das Problem, wie man Bürger dazu bringt, ihre Ersparnisse für die Kriegsführung und anderen Staatskonsum zur Verfügung zu stellen. Ist das Grundvertrauen der kleinen Sippe nicht mehr gegeben, neigen Menschen dazu, eigene und familiäre Güter den kollektiven Organisationswünschen zu entziehen, was die Staatsfinanzierung und auch Kriegsfinanzierung massiv behindert.

Eine große Innovation in der Staatsfinanzierung gelang in Großbritannien. Dort war durch die massive Religionsspaltung die gemeinschaftliche Perspektive besonders früh und in besonderem Ausmaß bedroht, was diese Perspektive gegenüber der gesellschaftlichen und staatlichen zunächst ins Hintertreffen geraten ließ. Die *Bank of England* entstand als großes Vorbild späterer Zentralbanken und vermählte auf innovative Weise gesellschaftliche und staatliche Perspektive. Diese Bank wurde als Aktiengesellschaft unter reger bürgerlicher Beteiligung gegründet. Gewinne erzielte sie aus einer bemerkenswerten Zinsdifferenz. Der Staat zahlte der Bank jährlich acht Prozent Zinsen. Mit dieser Schuld als Deckungsgrundlage bot die Bank Bürgern für ihre Einlagen vier Prozent Zinsen. Die Zinsen dienten hierbei als Anreiz, Güter nicht selbst zu konsumieren, sondern für den Krieg aufzugeben.

Bürger benötigen Anreize, denn die staatlichen Organisationswünsche sind ihnen nicht Selbstzweck, was Staatsmänner seit jeher bedauern. So bot der Staat den Bürgern wirtschaftliche Partizipation und Wertsicherung der Schulden im Rahmen eines Goldstandards und verkaufte sich zunehmend als „neutral". Der ideale Staat der Bürger ist jener, der sich darauf konzentriert, Maßstab und Exekutor von Schulden zu sein. Damit war eine lukrative Kreditentfesselung ermöglicht, die freilich stets eine Verschuldungsspirale und wachsende Ungleichheit mit sich bringt.

Es dauerte nicht lange, bis im 20. Jahrhundert eine massive Gegenreaktion auf die Verbindung zwischen Bürgertum und Staat einsetzte. Da man sich auf der falschen Seite der Gewehrläufe befand, hatte die gemeinschaftliche Perspektive wenige Chancen, dem Profitieren, Organisieren und Marschieren gemeinschaftliche Freiräume abzuringen. Sie musste also auf die andere Seite der Gewehrläufe. Eine neue Verschwörung, diesmal zwischen gemeinschaftlicher und staatlicher Perspektive löste die alte ab.

Zunehmend sah man das staatliche Geld der Steuerung als taugliches Mittel zur Inszenierung von Gemeinschaft. Inszenierte Gemeinschaft ist nämlich unglaublich teuer. Auch Krieg stiftet Gemeinschaft, und Gemeinschaft nährt Krieg, weil fast jedes „Wir" zur Abgrenzung Feinde benötigt. Das 20. Jahrhundert ist das des Nationalismus und Sozialismus, der großen Staatsaufgaben und -projekte. Dabei verlor die gemeinschaftliche Perspektive mit ihrer berechtigten Skepsis gegenüber Geld und Zinsen, gegenüber bürgerlicher Korrektheit und Kälte, ihre Unschuld. Wer die antibürgerliche Geldkritik, mitsamt ihrer Zins- und Hortkritik, studiert, kann die braunen Flecken, die sich im 20. Jahrhundert darüberlegten, nicht übersehen. Die Juden als typische Bürger, als bürgerliche Profiteure staatlicher Zwecke, von den

Steuer- und Münzjuden des Mittelalters bis zu den privilegierten Großhändlern und Bankiers der Neuzeit, boten die ideale Projektionsfläche für antisemitischen Hass und Wahn. Adolf Hitler selbst bezeichnete die Zinskritik eines Gottfried Feder als letzten nötigen Mosaikstein für sein Weltbild.

Nach dem Untergang der Staatsutopien mit gemeinschaftlicher Fassade verblieb eine staatliche Geldordnung mit gesellschaftlichen Resten. Die gemeinschaftliche Perspektive legt den Finger zu Recht auf die massiven Schieflagen des Systems, auch wenn die alte Zins- und Geldkritik etwas anachronistisch ist und den Verhältnissen nicht mehr gerecht wird. Dabei läuft diese Perspektive allerdings große Gefahr, sich wieder einer gemeinschaftlich-staatlichen Gegenreaktion anzudienen. Man trifft sich dann bei Geldmengenausweitung, Negativzins, Bargeldverbot, finanzieller Repression und Kapitalverkehrskontrollen, um hinter der Fassade einer inszenierten Gemeinschaft die letzten bürgerlichen Reste zu opfern.

Doch nichts zerstört Gemeinschaft mehr als Gemeinschaftsinszenierung, nicht einmal Profitstreben und Konkurrenzdruck säen solche Feindschaft. Das gesellschaftliche Wirtschaften verbindet zumindest Fremde, während die zwangsweise Inszenierung von Gemeinschaft selbst Brüder entzweit. Die ideologisch verständliche Reaktion auf die Schieflagen einer verzerrten modernen Gesellschaft droht, sich wieder dem Zwang anzudienen. Sie entschuldigt und verklärt die Entmündigung, Überwachung und Drangsalierung der Bürger. Diesen totalitären Tendenzen gilt es entgegenzutreten, auch wenn sie auf den besten Absichten beruhen.

Was ist Geld?

Wenn heute über Geld gesprochen wird, dann wird dies meist sehr undifferenziert getan. Viele denken bei Geld etwa ausschließlich an Münzen und Geldscheine. Analog zu den drei Perspektiven auf das Geld gibt es drei Grundformen des Geldes, die helfen, das Phänomen besser zu verstehen. Diese begriffliche Unterscheidung ist nicht nur Wortklauberei, sondern wichtig, um neue Geldformen wie Kryptowährungen zu verstehen und bessere Anlageentscheidungen treffen zu können.

Die drei Grundformen des Geldes hat der wichtigste altösterreichische Geldtheoretiker Ludwig von Mises unterschieden. Er prägte die Begriffe, die uns schon bei der Diskussion der unterschiedlichen Perspektiven untergekommen sind: Zeichengeld, Kreditgeld und Sachgeld.

Sachgeld

Sachgeld entsteht aus den absatzfähigsten Waren im Verkehr zwischen Fremden. Absatzfähigkeit bedeutet, dass bestimmte Waren leichter zu verkaufen sind. Einerseits liegt das an der Nachfrage, und die ist subjektiv. Doch es gibt einige objektive Eigenschaften, welche die Tauschbarkeit über die Zeit und in den unterschiedlichsten Transaktionen unter Fremden erhöhen: Teilbarkeit, Einheit-

unsachlich

lichkeit, Haltbarkeit und Transportierbarkeit. Die wichtigste Eigenschaft aber haben die wenigsten verstanden.

Gold und Silber hatten über eine extrem lange Zeit hindurch eine überlegene Tauschbarkeit. Je größer die Tauschbarkeit einer Ware, desto weniger wird sie direkt verbraucht, denn desto mehr verschiedene Waren lassen sich durch ihre Vermittlung im Tausch erwerben. Absatzfähige Waren werden also in größerem Ausmaß gehortet, denn die Erwartung ihrer künftigen Tauschbarkeit hilft, die Ungewissheit der Zukunft zu tragen. Gold und Silber kann man nicht essen, aber die Silbermünze, die man im Alter von 15 beiseitegelegt hat, kann man auch im Alter von 75 noch gegen Brot tauschen (das über sechzig Jahre gebunkerte Brot jedoch nicht mehr beißen).

Diese größere Hortung der Edelmetalle ist keine Behauptung, sondern empirisches Faktum. Gold und Silber weisen bis heute ein sehr hohes Verhältnis zwischen verfügbarem Gesamtbestand und Produktion auf (Ökonomen nennen dies „Stock-to-flow ratio“). Bei herkömmlichen Metallen und allen anderen Waren ist dieses Verhältnis niedrig: Die Lagerhaltung ist klein im Vergleich zur Produktionsmenge, darum hat letztere eine starke Wirkung auf den Preis. Bei Gold entspricht der gehortete Bestand, der aufgrund der Haltbarkeit des Goldes kaum abnimmt, etwa dem 60-fachen der jährlichen Fördermenge.

Doch das ist nicht die Ursache, weshalb Gold solange Geld war, sondern die Folge. Die meisten schließen auf einen inneren Wert von Gold und deuten den Begriff Sachgeld als Hinweis, dass nur Geld, das einer physischen Ware entspricht, hartes Geld sei. Sie vermuten, dass der große Aufwand der Goldförderung, die objektiven Eigenschaften des Elements oder universelle menschliche Charaktereigenschaften den inneren Wert des Goldes erklären. All das ist ökonomisch falsch. Gold hat genauso wenig inneren Wert wie jedes andere Gut. Die subjektive Wertlehre lässt sich so zusammenfassen: Gold ist nicht deshalb wertvoll, weil die Förderung so aufwendig ist, sondern wir nehmen eine so aufwendige Förderung in Kauf, weil und solange Gold für uns wertvoll ist.

Der tatsächliche Grund, der den anhaltenden Wert und die langfristige Tauschbarkeit von Gold und Sachgeld im Allgemeinen erklärt, ist komplizierter: Er liegt in steigenden Grenzkosten der Produktion. Die meisten Güter werden nämlich paradoxerweise nicht teurer, wenn sie viele wollen. Ihre Eignung als Tauschvorrat ist also schlecht. Wenn sie wenige wollen, dann finden wir zu wenige und zu seltene Tauschpartner. Wenn sie aber endlich viele wollen, dann lohnt ihre Produktion, und diese folgt in der Regel Skaleneffekten: Je größer die Produktionsmenge, desto geringer der Stückpreis.

Der Begriff Sachgeld ist also irreführend, aber das haben Begriffe so an sich. In der Geschichte waren es eben nur bestimmte Sachen, deren Produktion beschränkt war. Gold ist nicht extrem selten, sondern gerade so in der Erdkruste verteilt, dass der Förderungsaufwand exponentiell mit der Menge steigt: Man muss in immer tieferen und weniger goldhaltigen Schichten schürfen. Geld, das an solche Sachen geknüpft ist, weist eine beschränkte Geldmenge auf. Wenn die Nachfrage nach diesem Geld steigt, dann nimmt seine Kaufkraft zu. Das ist günstig für diejenigen, die es rechtzeitig gehortet haben, und sehr ungünstig für diejenigen, die Schulden in einem solchen Geld aufgenommen haben. Steigender Wohlstand zeigt sich in einem Sachgeld in fallenden Preisen, sogar fallenden Nominaleinkommen bei steigenden Realeinkommen. Je mehr Menschen verschuldet sind und je mehr Menschen auf Nominalwerte fokussieren (mehr, mehr, mehr!), desto unbeliebter ist Sachgeld.

Kreditgeld

Kreditgeld beruht auf Schuldtiteln. Eine verzinste Schuld macht aus Vermögen ein regelmäßiges Einkommen und stellt damit eine Grundform der Altersvorsorge dar. Der Anspruch auf dieses Einkommen ist entsprechend wertvoll. Wenn er frei übertragen werden kann, haben wir es mit einem Schuldtitel zu tun – einem Wertpapier. In der Vergangenheit waren Wechsel – Zahlungsversprechen von Händlern – die häufigste Form des Kreditgeldes. In der Neuzeit sind Staatsanleihen zur dominanten Geldbasis geworden. Sie laufen zwar nicht als Tauschmittel um, ersetzten aber nach und nach Gold in den Zentralbankbilanzen. Heutiges Bargeld könnte man als Geldsurrogat eines Kreditgeldes interpretieren, wobei ersterer Ausdruck jedes Ersatzmittel bezeichnet, das Geld in seiner Funktion „vertritt".

Diese Interpretation hat allerdings zwei Haken: Erstens lassen sich die Geldscheine bei der Zentralbank nicht gegen Staatsanleihen eintauschen, zweitens lautet die Staatsanleihe in Nominale und Zins selbst wiederum auf Geldscheine. Es handelt sich also bei heutigem Geld eher um die letzte Geldform: Zeichengeld.

Zeichengeld

Zeichengeld ist der Ausdruck für jede Geldform, die weder ein Gut noch eine Forderung auf ein Gut ist. Zeichengeld ist Vertrauenssache. Die Zahl ist keine Mengenangabe einer realen Sache, sondern losgelöstes Symbol. Zeichen können Gutpunkte, Flugmeilen, Reputationspunkte sein, oder schlichte soziale Konvention. Als allgemeines Tauschmittel hat sich bislang nur staatliches Zeichengeld durchgesetzt, und das stellt eigentlich eine ökonomische Ausnahme dar. Erstens wurde es eher durchgesetzt als dass es sich durchgesetzt hätte. Gewalt spielte eine historisch größere Rolle als Konvention. Zweitens folgte staatliches Zeichengeld bislang stets einem Sachgeld, das durch sukzessive Einlöseeinschränkung geradezu schleichend zu einem merkwürdigen Zwitter aus Kredit- und Zeichengeld wurde. Echtes Zeichengeld findet sich allenfalls in kleinen Gemeinschaften („Tauschkreise“), allerdings dort kaum jemals ohne Bezug zu anderen Geldformen als Wertbasis.

Gehen wir im Folgenden die heutigen Erscheinungsformen von Geld durch, um diese Kategorien und ihre Bedeutung sowie die mögliche Entwicklung besser zu verstehen.

Bargeld

Die meisten Menschen denken bei Geld an Geldscheine und Münzen. Diese sind zwar das greifbarste Sinnbild, doch spielen sie heute eine erstaunlich geringe Rolle. Nur etwa ein Zehntel der Geldmenge liegen in dieser Form vor. Ein größerer Teil sind Bankguthaben. Dabei handelt es sich um bloße Einträge in Datenbanken, die eine verschwindend kleine Mindestreserve in der Zentralbank-Datenbank halten müssen. Diese Zentralbankeinträge sind Zentralbankgeld, das heute als Geld höchster Güte behandelt wird.

Die Zentralbanken haben Reserven in Staatsanleihen, Devisen, Gold und eine wachsende Zahl anderer Werte (die Schweizer Nationalbank ist etwa einer der größten Facebook-Aktionäre). Diese Reserven decken aber nicht die Einträge ihrer Datenbank, sondern sind nur ein Reservoir, um den Kurs der jeweiligen Währung zu stützen oder zu schwächen.

Die Schweizer Nationalbank (SNB) etwa ist vornehmlich damit beschäftigt, den Schweizer Franken zu schwächen, damit die Schweizer Exportwirtschaft nicht zu teuer wird (und ihr erspart wird, Preise und damit auch Kosten wie Löhne nominal zu senken). Dazu produziert die SNB neue Franken – Einträge in ihrer Datenbank – aus dem Nichts und kauft damit ausländische Wertpapiere, wodurch mehr Franken gegen Dollar und Euro getauscht werden müssen und so ihr relativer Preis – der Frankenkurs – nicht so stark steigt, wie er es ohne diese Intervention würde.

Der Franken steigt erstens, weil die Schweiz wirtschaftlich viel besser dasteht als die meisten EU-Volkswirtschaften, zweitens, weil davon ausgegangen wird, dass die SNB den Franken nicht schwächer machen wird als den Euro, sondern dem Kaufkraftverlust des Euro eher hinterherhinkt. Der Franken ist also auch Fluchtwährung aus dem Euro und dem Euro-Bankensystem, um die Kaufkraft zu erhalten. Das ging lange über Bankguthaben in der Schweiz, doch die EU hat dieses Fluchttor durch Druck weitgehend geschlossen. Nichtschweizer haben heute Probleme, ein Schweizer Konto zu eröffnen. Anonyme Guthaben gibt es nicht mehr. Die Gebühren sind hoch. Zudem sind auch Schweizer Banken nicht mehr sicher davor, durch das gesamte Finanzpyramidenspiel ins Wanken zu geraten.

So bietet Bargeld eine der letzten Alternativen für kleinere Summen, um sich entweder ein wenig vor Geldentwertung (durch härtere Devisen wie eben Franken), vor dem Bankenrisiko oder vor politischem Zugriff zu schützen.

Dabei legen viele das Augenmerk auf den papiernen Charakter von Bargeld, der aber ist gar nicht wesentlich. Bargeld ist eines der letzten *Inhaberpapiere*. In diesem Begriff bezeichnet Papier nur den Träger, nicht die Essenz, wie im Begriff Wertpapier. Einst waren die meisten Wertpapiere Inhaberpapiere, das heißt der Inhaber – derjenige, der diese Dokumente vorlegen kann –, verfügt frei über die verzeichneten Werte. Aktien als Papiere im Tresor zu halten, ist freilich nicht immer komfortabel, besonders in einer Zeit, wo viele Werte nur noch für Sekunden gehalten werden.

Was kommt zuerst: die Ungeduld, die Bequemlichkeit oder die Überwachung? Es geht stets alles Hand in Hand. Verzeichnisse sind Datenbanken. Inhaberpapiere waren eine Technik verteilter Datensätze, die von Intermediären unabhängiger waren. Digitale Datenbanken hingegen werden meist – lange Zeit aus technischen Gründen –

Vermittler zwischen Gläubiger und Schuldnern

zentralisiert angelegt. Gegenüber den Hütern der Datenbanken hat man somit ein Vertrauensproblem. Das führte zu wachsender Regulierung dieser zentralisierten Datenbanken – heutige Banken sind eben nur noch Daten-Banken. So entstand ein Kartell von Bankiers, Brokern und anderen Finanzintermediären, die ein Klumpenrisiko darstellen, da ihre Datenbanken verwoben, immer mehr vor Wettbewerb geschützt, regulatorischen Risiken ausgesetzt und eng mit der Politik verbunden sind. Weil fast alle Wertpapiere Teil dieses pseudotransparenten Systems wurden, blieb Bargeld paradoxerweise als letztes echtes Inhaberpapier übrig.

Pseudotransparenz bedeutet Durchleuchtung individueller Vermögenswerte bei gleichzeitiger Intransparenz der Strukturen. Gesünder war das frühere Verhältnis: private Anonymität bei wirtschaftlicher Transparenz durch einfache Regeln, kleinteilige Haftung, gleiche Bedingungen. Dass heute private Anonymität von Vermögenswerten gegenüber Finanzintermediären und dem Staat nur noch als Schutz für Steuerhinterziehung und Verbrechensfinanzierung betrachtet wird, zeugt von Geschichtsvergessenheit: Es ist kaum ein dreiviertel Jahrhundert her, dass die Anonymität von Inhaberpapieren Leben in Europa rettete, indem sie auch politisch verfolgten Personen Zugriff auf ihre Ersparnisse erlaubte.

Das Bargeld als letztes Inhaberpapier ist ein unbeabsichtigtes Überbleibsel der Verdrängung gesellschaftlicher Geldformen durch staatliche Geldschöpfung. Zentralbanknoten waren einst wie die Lieferscheine beschriftet, die sie ersetzt hatten: als übertragbare Ansprüche auf feste Edelmetalleinheiten. Diese Ansprüche wurden – von den meisten unbemerkt – von den Scheinen getilgt. Doch die Scheine behielten den Charakter von Wertpapieren, wenngleich die Werte nur noch papieren sind und die Form den Inhalt ersetzt hat. Obwohl die Geldscheine einzeln durch Seriennummern ausgezeichnet sind, werden sie noch so behandelt, als wären sie ununterscheidbar. Geldscheine gehören damit zu den wenigen Werten, die jedem zugänglich sind: Man darf sie ohne Lizenz und Identitätsfeststellung halten und weitergeben, sie liegen in nahezu beliebig kleiner Stückelung vor, die eigenen Umsätze und Bestände sind nicht erfassbar; es braucht keine Intermediäre, keine Ausbildung, keine Formulare, keine Erfassung für die Nutzung.

Dass sie aus Papier sind, mag praktisch erscheinen, das ist aber eine subjektive Einschätzung. Für immer mehr Menschen, insbesondere junge, ist das Digitale viel praktischer – denn es passt genau in ihre Universalprothese, das Smart-Phone. Um das Papier geht es aber eigentlich gar nicht, es ist nur Symbol dafür, dass wir es beim Bargeld mit einem Überbleibsel zu tun haben. Lange war es

*1 Wertänderung des Vermögens unter Berücksichtigung der Inflation/Deflation

*2 Nackter Zins ohne Kosten und Gebühren.

praktisch für den Staat, da es die Form der verbotenen und verdrängten Inhaberpapiere imitiert, daher allgemein angenommen wird (die Menschen halten sogar in der Hyperinflation erstaunlich lange daran fest, denn sie sind eben Gewohnheitstiere) und die Geldschöpfung nicht mehr teures Schmelzen, Stanzen und Pressen erfordert, sondern durch billiges Drucken gelingt. Dieses konnte letztlich, dank der weit verbreiteten Illusion, dass die Daten-Banken eigentlich Banktresore voll von genügend Geldscheinen wären, durch Geldschöpfung per Knopfdruck ersetzt werden. Zudem lassen sich Geldscheine mit Motiven bedrucken, und im Zeitalter des Nationalismus war die Druckerpresse ohnehin schon zu einem der wichtigsten Werkzeuge der Politik geworden.

Nun ist dieses Überbleibsel aber zunehmend unpraktisch für die Politik. Bargeld entzieht sich dem modernen Überwachungsstaat und der modernen Geldpolitik zugleich. Die Nullzinspolitik* hat uns schon lange negative *1 Realzinsen beschert. Doch negative *2 Nominalzinsen sind noch eine psychologische Hürde. Die meisten Menschen hängen der Geldillusion an, das ist die Verwechslung der Nominalbeträge – der Anzahl an Geldeinheiten – mit der realen Kaufkraft. Negative Nominalzinsen würden ein automatisches Abnehmen des Kontostandes bedeuten. Viele würden dann wohl auf die einfachste Alternative aus-

*Geldpolitik, die durch sehr niedrige Kreditzinsen (bis 0%) die Geldmenge erhöht, um damit unter anderem einer Deflation zu verhindern

weichen, die dieses unangenehme Abnehmen nicht zeigt (wiewohl der Unterschied des Kaufkraftverlustes zunächst marginal wäre): Bargeld. Schon eine leichte Zunahme der Barabhebungen von Bankeinlagen würde allerdings die mangelnde Liquidität der Banken offenbaren und womöglich zu *„bank runs“* führen. Das bezeichnet das Phänomen plötzlicher Warteschlangen von Barabhebern bei den dann schnell schließenden Banken, aufgrund wachsender Angst, ob das eingelegte Geld „noch da ist“ (was es natürlich aufgrund des Geschäftsmodells der Banken niemals ist).

Gold

Ein noch älteres Überbleibsel der Geldordnung, das in ähnlicher Weise wie Bargeld ein Fluchtloch darstellt, ist Gold. Es ist noch altertümlicher, noch drastischer, noch wirksamer als Fluchtmittel, weshalb es noch verhasster ist. Es gilt als das barbarische Relikt schlechthin und wird viel gescholten: Seine Förderung schädige die Umwelt in sinnloser Weise (es wird ausgegraben, um wieder vergraben zu werden), es sei ein Mittel des Schmuggels und Hortens, es sei unsolidarisch, ein Zeichen für völligen Vertrauensverlust und Auflösung der Gesellschaft. Einige dieser Vorwürfe sind richtig, aber einseitig. Sie kreiden dem Überbringer die Nachricht an. Gold ist ein souveräner, aber damit etwas einzelgängerischer Vermögenswert. Seine

Souveränität bedeutet Unabhängigkeit von Intermediären, Lizenzen und vorübergehend sogar Märkten. Gold wurde immer schon vergraben und versteckt, wenn die Lage ungünstig war, wenn Plünderer drohten oder der Marktzugang gekappt war. Es ist eines der wenigen Elemente, deren Qualität nicht gemindert wird, es reagiert nicht mit der Umwelt, oxidiert nicht.

Gold bietet keine Erträge, daher wurde es zunehmend durch Inhaberpapiere ersetzt und als Reserve und zum selteneren Abgleich gegenseitiger Guthaben eingesetzt. Doch dann schwanden eben die Inhaberpapiere, und die Guthaben konnten nur noch durch andere Guthaben ausgeglichen werden. Gold ist ein völlig schuldbefreiendes Zahlungsmittel, eines, das keine Gegenseite in einer anderen Bilanz hat, sondern Bilanzen final ausgleicht. Die heutige Geldmenge hingegen entspricht einer Schuldenmenge: Jede getilgte Schuld bedeutet an anderer Stelle eine ungetilgte Schuld.

Eigentlich wäre damit zu rechnen gewesen, dass Gold wirklich als barbarisches Relikt wieder in den Tiefen der Erdkruste oder des Rheins verschwindet. Dass es an Bedeutung gewinnt, ist vielleicht in der Tat kein unmittelbar positives Zeichen. Zentralbanken, die aus Gründen geopolitischen Misstrauens Unabhängigkeit von Dollar und Euro gewinnen wollen, kaufen massiv Gold zu, aber auch Bürger, die den Institutionen misstrauen, entdecken das Gold als Anlagealternative. Die deutsche AfD hatte etwa lange einen lukrativen Goldvertrieb laufen. Da Bankguthaben, Aktien und andere Wertpapiere eben keine Inhaberpapiere mehr sind, weder für Bürger noch für Staaten, ist man für ihre Haltung stets an überwachte und überwachende Dritte angewiesen. Die Bankguthaben von „Schurkenstaaten“ und „Schurkenbürgern“ lassen sich schnell einfrieren, ihr Gold aber nicht. Es sind nur zunehmende Abschläge einzupreisen, um dieses Gold auf die Märkte zu bringen; diese Abschläge erreichen aber nie hundert Prozent, den Totalverlust. Immer findet sich noch jemand, der langfristig vorausschauend genug, vernetzt genug, gerissen genug ist, um das Gold günstig zu kaufen und bessere Zeitpunkte und Orte für den Verkauf zu wählen.

Gold setzt das geringste Vertrauen in Dritte voraus, hat aber natürlich keinen „intrinsischen“ Wert. Wie bei allen Werten müssen wir darauf vertrauen, dass es unseren Mitmenschen noch etwas wert sein wird, wenn wir tauschen wollen oder müssen. Gold bringt keinen Ertrag, unterliegt aber natürlich auch keinem Negativzins. Letzterer könnte von vielen als finaler Vertrauensverrat angesehen werden: Vertrauen, dass Banken Ersparnisse hüten und mehren, dass Zentralbanken Währungen schützen und stärken. Als drastischere Fluchtanlage geht es über das Bargeld hinaus und würde, wenn es dieses nicht gäbe, es wohl in dieser Hinsicht ersetzen. Nominale Negativzinsen oder ein Bargeldverbot würden weitere Vermögen in das Gold drängen. Darum wäre ein Goldverbot der nächste logische Schritt, mit genauso paradoxen Folgen. Verbote drängen Kleine aus Märkten und verschaffen Großen, die mobiler sind, Vorteile. Das zeigt sich sogar und besonders drastisch bei Drogenverboten. Für das große Drogengeschäft sind sie großartig.

Kryptowährungen

Von Kryptowährungen, allen voran Bitcoin, hat nun wohl schon jeder gehört. Sie sind zugleich angesagter und noch verhasster als Gold, polarisieren noch mehr. Nach dem Bargeldverbot gewinnen die Goldbesitzer, nach dem Goldverbot gewinnen die Bitcoinbesitzer. Als völlig neue Anlageklasse bescherte sie ihren Pionieren sagenhafte Preissteigerungen; es gibt in der Geschichte kaum Vergleichbares. Ein Bitcoin stieg innerhalb weniger Jahre im Preis von null auf über 20.000 €, fiel dann wieder unter 4.000 €, und wo er steht, wenn Sie dies lesen, kann niemand vorhersagen. Wahrscheinlich höher.

Diejenigen, die für Gold nichts übrighaben, verachten Kryptowährungen meist aus ganzem Herzen. Das „Schürfen" erscheint als noch sinnlosere Umweltschädigung: Unter steigendem Energieeinsatz werden künstliche Rechenaufgaben gelöst. Auf Twitter hat die vermeintliche Absurdität des Kryptogeldes jemand so zusammengefasst: Stellen Sie sich vor, Sie lassen den Motor Ihres Autos rund um die Uhr laufen, wodurch gelöste Sudokus erzeugt werden, die Sie gegen Drogen tauschen können.

Doch Bitcoin teilt mit Gold nicht nur die Feinde, sondern befindet sich tatsächlich in einem ähnlichen Anlagefeld: Als älteste, bislang fehlerlos laufende Kryptowährung hat sich Bitcoin als Alternative zu den offiziellen Vertrauensstrukturen bewährt, denen immer mehr Menschen misstrauen. Warum vertrauen sie dann ausgerechnet einem Internet-Geld? Handelt es sich um denselben Irrtum, nachdem Menschen, die den Massenmedien Lüge unterstellen, jeden Unsinn glauben, der in ihrer Filterblase in den „sozialen" Medien geteilt wird?

Bitcoin entspricht von der Struktur her eigentlich einem Zeichengeld. Es ist eine verteilte Datenbank, die das Verfügen über Symbole festhält. Darum begeistern Kryptowährungen auch viele, die eigentlich von Gemeinschaftsgeldern träumen, die Verrechnungseinheiten oder Tauschmittel für kleine, eingeschworene Gemeinschaften bieten, die sich so aus Gesellschaft, Kapitalismus oder was ihnen sonst nicht behagt, ausklinken könnten. Zeichengelder und Datenbanken haben bloß ein großes Missbrauchsproblem. Wie lässt sich verhindern, dass sich einzelne selbst mehr „Punkte“ zuteilen und so die Gemeinschaft betrügen? Eine Abhilfe bieten verteilte Datenbanken, sodass es nicht bloß eine Fassung gibt, von der alle abhängen – und damit von denjenigen, die Zugang dazu haben oder sich verschaffen.

Eine frühe Form verteilter Datenbanken waren die sprichwörtlichen Kerbhölzer. Diese sind bei Anhängern der Gemeinschaftsperspektive des Geldes nicht zufällig ein besonders beliebtes Beispiel. Das Kerbholz ist eine simple Form, einen Schuldenstand festzuhalten, meist eine Steuerschuld. Da die meisten Vertreter der Gemeinschaftsperspektive völlig ahistorisch Staat und Gemeinschaft gleichsetzen, haben sie weniger Probleme mit solchen Schulden; private Schulden hingegen missfallen ihnen. Das Kerbholz trägt quer Kerben als Schuldverzeichnis – eine primitive Datenbank mit einem einzigen Datensatz – und wird längs gespalten, um eine Kopie herzustellen. Da die entstehenden Puzzlestücke entlang der Bruchstelle zueinander passen, bleiben die zwei Versionen verbunden, auch wenn sie verteilt werden. Wenn die Gläubigerseite in trügerischer Absicht Kerben hinzufügt, lässt sich das nach dem Zusammenfügen der Stücke zum Abgleich leicht feststellen.

Kryptowährungen treiben dieses Prinzip weiter. Zahlreiche Kopien werden erstellt, die dauernd verglichen werden. Dieser Vergleich wird Konsensmechanismus genannt. Bei Bitcoin ist das

Erweitern der Datenbank bei Einpassung in die Kopien mit Energieaufwand verbunden. Dieser Konsensmechanismus heißt *Proof of Work* (Arbeitsnachweis). Die steigenden Kosten sollen Angriffe auf das Netzwerk teuer machen und gute Anreize setzen. Eine Manipulation ist nur möglich, wenn man energetisch mehr als 50 Prozent der anderen „Schürfer" aufwiegen kann. Da die Kosten nur durch das Verdienst ausgeglichen werden, das der Verkauf „geschürfter" Coins bringt, steht dem die wirtschaftliche Motivation entgegen. Das kann natürlich politische und ideologische Motivation zur Manipulation nicht ausschließen, macht aber zumindest die Manipulation sehr teuer.

Die hohen Kosten schließlich führten zu großer Enttäuschung bei den Bitcoin-Freunden, die hier ein neues Gemeinschaftsgeld erhofft hatten, eines, das *Peer-to-Peer* wäre, also vom kleinen Mann zur kleinen Frau und retour, kein Geld der Reichen und Mächtigen, die haben ja schon genug davon. Die Skaleneffekte des Schürfens, die rasend steigenden Kurse und die hohen Transaktionskosten führen jedoch dazu, dass die Vermögensverhältnisse in der Bitcoin-Welt noch ungleicher sind als in der realen.

Hier allerdings darf man dynamische und statische Ungleichheit nicht verwechseln. Der Zugang zu Kryptowährungen setzt weder Vermögen noch Macht voraus. Große Vermögen entstanden vor allem durch frühen Einstieg, diese hielten sich aber selten. Die wenigsten Pioniere haben die Volatilität überstanden. Wer einstieg, als der Wert noch ungewiss war, behandelte die Sache meist eher als Spiel oder Experiment. Viele vergaßen und verloren ihre Bitcoins oder verkauften sie viel zu früh.

Der seltsame Mechanismus des energieaufwändigen Lösens eigentlich unnötiger Rechenaufgaben, die nur den Energieaufwand nachweisen sollen, macht die Besonderheit von Bitcoin aus: Dadurch wird algorithmisch ein Sachgeld simuliert. Wir erinnern uns: steigende Grenzkosten der Geldproduktion. Bitcoin verhält sich daher nicht wie ein Zeichengeld, sondern wie ein Sachgeld.

Warum vertrauen die Menschen einem Algorithmus? Das tun die wenigsten. Sie vertrauen dem Vorbild anderer Menschen, den Einschätzungen jener, denen Sie mehr Wissen zutrauen. Wenn diese einen tatsächlichen Nutzen erfahren, so führt das zu Nachahmern.

Bitcoins früher Nutzen bestand darin, dass Chinesen herausfanden, wie sich damit die Kapitalverkehrskontrollen in China umgehen lassen, die wiederum eine Folge der chinesischen Geldpolitik sind. Wenn Europa denselben Weg geht, hat man also schon Erfahrungswerte. Leider können solche Fluchtlöcher zunächst nur die Wendigsten und Gerissensten ausnutzen, die damit die Hauptprofiteure jener Politik sind, die eigentlich gegen sie gerichtet ist.

Zusätzlich zum teuren, aber manipulationsresistenten Konsensmechanismus kommt noch das ineffiziente, ebenso manipulationsresistente Blockchain-Prinzip. Eine Blockchain ist eine kryptographisch versiegelte chronologische Abfolge von Datensätzen. Wie bei der Formung eines Bernsteins vergräbt jeder neue Datensatz die zurückliegenden und macht sie damit immer unabänderlicher. Damit muss aber jede verteilte Kopie alle vergangenen Transaktionen beinhalten. Blockchain-Lösungen sind daher extrem umständlich, ressourcenfressend und langsam. Sie sind nur sinnvoll, wenn die Kosten einer möglichen Manipulation, eines möglichen menschlichen Vertrauensmissbrauchs größer sind. Das ist vielleicht bei vom Markt akzeptierten Vermögenswerten mit hohen Preisen der Fall, sonst aber kaum.

Der Blockchain-Hype beruht also in weiten Teilen auf einem Missverständnis. Geschäftsbanken vermuten hinter dem Höhenflug von Bitcoin eine technische Effizienzerhöhung und warben daher massiv Blockchain-Entwickler an, um nicht auch bei dieser Innovation wieder hinten nach zu sein. Doch Banken sind prinzipiell hinten nach, da sie Teil eines geschützten Kartells und nicht hinreichend den Wettbewerbskräften ausgesetzt sind. Darum haben sie auch sinnlos Unsummen in Blockchain versenkt.

Der Vorzug von Bitcoin besteht genau darin, bankunabhängig zu sein. Es ist ein digitales Inhaberpapier und damit dem papiernen Inhaberpapier Bargeld ähnlich. Wer diesen Vorzug nicht versteht, wird seine Mitmenschen für irrational halten und sie mit Verboten vor sich selbst schützen wollen. Sobald eine Bank im Spiel ist, braucht es keine Blockchain mehr. Wer solchen Institutionen sein Geld anvertraut, wird ihnen auch vertrauen, die Datenbanken korrekt zu verwalten. Oder, anders formuliert: Die schlichte Manipulation von Datenbanken ist eine Gaunerei für Anfänger, die Banken nicht nötig haben.

Das Geldsystem in der Nullzinsfalle

Die Funktionsweise des heutigen Geldsystems

Die Funktionsweise des Geldsystems zu verstehen, ist für jeden Bürger unerlässlich, um die aktuellen Herausforderungen der Geldpolitik einordnen zu können. Lassen Sie sich von der Schwierigkeit nicht abschrecken, die Grundlagen kann und sollte wirklich jeder verstehen.

Das heutige Geldsystem ist nach und nach entstanden und weist natürlich einige Vorzüge auf. Einst mussten die umlaufenden Münzen kritisch auf Metallgehalt geprüft werden, eine schier endlose Zahl von Einheiten musste man als Händler im Kopf behalten und korrekt wechseln, und jedes umlaufende Wertpapier setzte Kenntnis und Einschätzung des Emittenten voraus.

Heute gibt es einen Dollarstandard, den man auch als Eurodollar-Standard bezeichnen könnte, weil auch europäische Banken Kredite in Dollar schöpfen können. Die frei schwankende Bindung anderer nationaler Währungen an den Dollar führte zu enormen Wechselkursrisiken, die eine gigantische Derivatenmenge notwendig machten. Derivate sind komplexe Wertpapiere, die letztlich vertragliche Wetten auf unterschiedliche Kursentwicklungen darstellen. Ohne Derivate gäbe es kaum noch Welthandel, und die Welt wäre sehr viel ärmer.

Die Kreditschöpfung der Banken wird als Teilreservebankensystem bezeichnet und ist ein wichtiger, aber nicht mehr der größte Teil des Geldsystems. Derivate und andere Finanzinstrumente des sogenannten „Schattenbankensystems" sind den Banken bereits voraus. Die Banken vergeben nicht die Einlagen als Kredite, sondern schöpfen diese Mittel – mit einer verpflichtenden Mindestquote von Zentralbankgeld, weshalb man von „Teilreserve" spricht. Die Einlagen sind überwiegend kurzfristig, die Kredite überwiegend langfristig, was die Liquidität der Banken wackeln lässt, wenn die Kreditmärkte Probleme machen.

Das Teilreservebankensystem macht Zentralbanken notwendig. Diese „Geldverleiher der letzten Instanz" sollen verhindern, dass Zweifel an der Liquidität von Banken zu einem Dominoeffekt von Liquiditätsabzügen führen – und damit zur selbsterfüllenden Prophezeiung werden.

Die Geschäftsbank übernimmt die Mikrosteuerung der Kreditschöpfung durch Einschätzung individueller Kreditwürdigkeit, die Zentralbank die Makrosteuerung der Kreditschöpfung durch Einschätzung der Kreditschöpfungsdynamik. Wenn zu viele Kredite geschöpft werden, soll die Zentralbank das an steigenden Güterpreisen bemerken, die auf eine zu schnell wachsende

Geldmenge hinweisen sollen, und in der Makrosteuerung die Kreditschleusen ein wenig schließen. Das geschieht in der Regel durch Anheben der Leitzinsen. Werden nicht genügend Kredite geschöpft und die Geldmenge ist rückläufig, dann öffnet die Zentralbank die Schleusen. In der Regel spricht man dann von der Senkung des Leitzinses, tatsächlich schöpft die Zentralbank einfach solange neues Geld, bis am Kapitalmarkt die Zinsen sinken: Liquidität wird billiger, weil mehr davon vorhanden ist.

Weil die Banken eine so tragende Rolle in dem System spielen als Kreditschöpfer für die Märkte (während die Zentralbank Kreditschöpfer für die Banken ist), sind Banken streng reguliert. Gelegentliche Bankenkrisen sind also keine Folge von „Deregulierung". Allenfalls könnte man sagen, sie sind eine Folge von Regulierungslücken. Doch jede Regulierung schafft eine neue Lücke, weil sie die Kosten der regulierten Bereiche erhöht und damit große Gewinnspannen im noch nicht regulierten Bereich eröffnet.

Warum kann man nicht einfach alles regulieren? Weil menschliches Verhalten dynamisch ist und ausweichend reagiert. Es bräuchte totale Kontrolle, um nicht nach Formen, sondern nach Intentionen zu suchen. Doch totale Regulierung würde alles abwürgen und damit wiederum die Regulierung selbst sinnlos machen. Die extreme Regulierung der Märkte im Sozialismus schuf große Gewinnspannen der nicht-regulierten Märkte. Die durch die Regulierungsversuche wachsende Schieflage zwischen „offizieller" Wirtschaft und Schattenwirtschaft wurde immer größer, bis letztlich sogar 40 Prozent der gesamten Wertschöpfung über völlig unregulierte Schwarzmärkte erfolgte.

Ähnlich ist es im „Geldsozialismus". So nannte der Ökonom Roland Baader zurecht die Versuche, Geld und Bankenwesen als hochregulierte Systeme planwirtschaftlich zu steuern, um vermeintlich die Stabilität zu erhöhen und die Ersparnisse der Bürger zu schützen. Es entstand ein riesiger Bereich von „Schattenbanken", in dem Unternehmertum oft das richtige Ausnutzen politischer Kontakte bedeutet.

„Schattenbanken" bieten Konten an, die nicht statische Einlagen von Bargeld darstellen, sondern von privilegierten Wertpapieren, deren Kurs mit dem Geldmengenwachstum steigt. Bargeld und Bankeinlagen hingegen verlieren an Kaufkraft. Eine wichtige Rolle spielen dabei Staatsanleihen. Halter von Staatsanleihen profitieren besonders von sinkenden Zinssätzen, da Staatsanleihen Festzinsverschreibungen sind.

Wenn ein Staat hauptsächlich in der Währung verschuldet ist, die er selbst produzieren kann (über die vermeintlich „unabhängige" Zentralbank), kann er auch nicht mehr bankrott gehen. Es gibt also kein Maximum der Staatsverschuldung mehr. Das erklärt, warum sich die Verschuldung der USA innerhalb der letzten zehn Jahre auf unvorstellbare 22 Billionen Dollar verdoppelt hat.

Die Grundprämisse des aktuell dominanten Geldsystems ist, dass die Zentralbanken nur die Makrosteuerung übernehmen, um den reibungs- und krisenfreien Lauf der freien Marktwirtschaft zu sichern. Wenn die Menschen plötzlich aus irrationalen Gründen ängstlich werden, helfe die Zentralbank durch Liquiditätsinjektion. Wenn die Angst verflogen ist und Euphorie regiert, könne die Zentralbank wieder etwas Liquidität abziehen und den Übermut dämpfen. Langfristig bleibe so alles im Lot und der Wohlstand wachse relativ ungestört.

Diese Prämisse hält leider nicht. Der Geldsozialismus steckt nach und nach die Märkte an, da die Menschen lernfähig sind. Sie antizipieren die Zentralbankpolitik und reagieren auf die wachsende Verzerrung der Märkte. Geldsozialismus ist Umverteilung für Reiche: Von den kleinen Sparern, die keine Vermögenswerte besitzen, hin zu jenen, die nahe an der neuen Geldschöpfung sind – Investmentbanker, stark kreditgehebelte globale Konzerne, Besitzer von Immobilien in London und New York, staatsnahe „Berater“. Anstatt eine organische Marktwirtschaft durch Kredite anzuregen und zu stützen, wird sie verzerrt und abhängig von billigem Geld. Entzieht die Zentralbank der Wirtschaft Liquidität, dann setzt meist die „Krise“ ein und erneute Injektionen sind nötig. Daher geht die Tendenz im Wesentlichen zum Leidwesen der Sparer in eine Richtung: Leitzinssenkung bis zum Nullzins.

Die Nullzinsfalle und ihre absurden Konsequenzen

Die aktuelle Nullzinsfalle mit all ihren – meist übersehenen – wirtschaftlichen, gesellschaftlichen und politischen Folgen, wird in „Die Nullzinsfalle“ (erschienen 2019 im Finanzbuchverlag) ausführlich analysiert. In diesem Buch ist dafür nicht der Platz. Wir wollen uns hier die Frage stellen: Was kommt nach dem Nullzins? Warum schreckten Zentralbanken bisher vor nominal negativen Leitzinsen zurück, während sie schon lange real negative Zinsen und nominal negative für Bankguthaben bei der Zentralbank in Kauf nehmen? Warum konnte das US Federal Reserve System die Leitzinsen vom Nullniveau sogar wieder erhöhen? Wird das auch der EZB gelingen? Und ist damit doch noch nicht alles Pulver verschossen, sondern die neue Normalität eigentlich recht funktionell?

Die letzte große Finanzkrise hatte gezeigt, dass es nicht mehr ausreicht, als Zentralbank die Schleusen über die Kreditschöpfung der Geschäftsbanken zu öffnen. Es hatte zwar mit einer Hypothekenkrise begonnen, die klare Folge maßloser Kreditschöpfung war – mitsamt der dadurch erzeugten falschen Anreize, verschärft durch politischen Druck – das Allheilmittel billiges Geld mehr Wählergruppen zugänglich zu machen.

Die Nähe zwischen Investmentbanken und Politik, die man für ein Zeichen tiefgreifender Korruption halten könnte, wird heute dafür gerühmt, dass so in den USA bald die Tragweite des Problems sichtbar wurde: Die Schattenbanken waren viel bedeutsamer als die Banken. Dort setzte eine „Reise nach Jerusalem" ein, niemand wollte auf Wertpapieren sitzen bleiben, wenn die Musik ausgeht. Es reicht also nicht mehr aus, als Zentralbank den Banken größere Kredithebel zu erlauben, sondern sie muss auch den Kursverfall von Wertpapieren stoppen.

Je mehr das Geldsystem auf Zeichengeld beruht, desto größer die Angst vor Volatilität. Zeichengeld ähnelt Aufklebern für ein Sammelalbum, die wertvoll sind, solange sie alle haben wollen – und wenn nicht, dann sind sie weniger wert als das bedruckte Papier.

Zentralbanken sind heute nicht mehr nur Verleiher der letzten Instanz, sondern „Dealer" der letzten Instanz. Damit ist gemeint, dass sie die „Märkte" für Wertpapiere am Leben halten. Mit wirklichem Markt hat das freilich so wenig zu tun wie der Drogendealer mit dem Therapeuten. Zentralbanken springen dann ein, wenn Wertpapiere wie heiße Kartoffeln weitergereicht werden.

Die Zentralbankbilanz stand einst für die Deckung einer Währung, heute ist sie die „*Bad Bank*" des ganzen Währungsraums, das Auffanglager aufgekaufter Papiere, entweder um den Kurs der Papiere zu stützen (EZB) oder den Kurs der Währung zu schwächen (SNB). Entsprechend werden die Zentralbankbilanzen aufgebläht wie Ballons.

Die letzte große Finanzkrise offenbarte, wie wackelig das Kartenhaus ist, darum erschütterte sie die Märkte weltweit und nachhaltig. In den USA rettete die Politik die großen Vermögen, zum Preis einer Geldmengenexplosion und entsprechenden Schuldenexplosion. Doch unter den Blinden ist der Einäugige König. Die EZB folgte zunächst etwas zögerlicher dem amerikanischen Vorbild, musste dann aber rasch aufholen. Denn in Europa geschahen schwerwiegende Fehler, die den US-Kurs bestärkten, den Amerikanern Luft verschafften und der EZB keine Wahl mehr ließen.

Auf EU-Ebene regiert immer mehr eine Filterblase kaum demokratisch legitimierter Funktionäre, die in jedem Problem eine neue Ermächtigung zentralistischer Regulierung sehen. Die ideologische Deutung, dass die große Finanzkrise wegen zu wenig Regulierung ausgebrochen war, traf sich bestens mit dem Interesse von Lobbys, die Regulierung stets als Chance sehen, sich Wettbewerbsvorteile zu verschaffen. Ausgerechnet in der Kreditklemme globaler Krisenangst wurde die Bankenregulierung weiter verschärft: mit „Basel

III" wurden die Eigenkapitalerfordernisse erhöht. Grundsätzlich sind höhere Eigenkapitalquoten nicht schlecht, doch der Zeitpunkt war absurd.

Dann entdeckte die europäische Politik die Mobilität des globalen Kapitals und versuchte regulierend einzugreifen. Die Jagd nach „Steuersündern" sollte den Staaten Liquidität bringen und sie damit solventer machen. Banken wurden mit enormen „KYC"-Lasten eingedeckt, der formalistischen Erfassung aller Geldherkünfte („Know your Customer" – den Kunden durchleuchten), ausgerechnet als ihre Einkommen ohnedies schwanden. Die Schweiz und Liechtenstein wurden unter massiven politischen Druck gesetzt, das Bankgeheimnis überall aufgelöst.

Die Folgen haben noch wenige erkannt, denn sie sind paradox. De facto wurden die USA damit zur letzten wirklichen Steueroase der Welt aufgewertet, denn die US-Regierung kann von der EU nicht unter Druck gesetzt werden. Die USA spielten das Spiel mit, ihre Bürgerinnen und Bürger weltweit ausschnüffeln zu lassen, geben aber natürlich selbst keinerlei Informationen weiter. So kam es zu einem Abzug von Kapital in die USA, das sich dort problemlos in den Briefkastenfirmen günstiger Bundesstaaten versteckt.

Die europäischen Banken stehen massiv unter Druck, durch Überregulierung, bürokratisches Kundenbeschnüffeln, Kapitalabfluss und schwindende Zinseinkommen. Zusätzlich wird die Spaltung der EU immer deutlicher. Mit dem Brexit scheidet nicht bloß ein Mitgliedsstaat aus, sondern die zweitwichtigste Marktwirtschaft, deren Gewicht größer ist als das von 18 übrigen Mitgliedsstaaten. Die Visegrád-Staaten, die zu den wirtschaftlich dynamischsten Regionen Europas zählen, scheren aus, so auch Italien.

Da ist es kein Wunder, dass sich die USA als besserer Wirtschaftsstandort empfehlen – trotz einer Schuldenblase, die eigentlich viel dramatischer als die der EU-Länder ist. Neben dem Euro schaut der Dollar gar nicht mehr so schlecht aus. Das verschafft den Amerikanern die Luft für weitere Dollarproduktion und weitere Schuldenausweitung, mit der Trump dann ausgerechnet Steuererleichterungen finanziert, während in der EU nur über „Steuerharmonisierung" – natürlich nach oben – nachgedacht wird.

Diese relative Entlastung nutzte das US Federal Reserve System für eine sanfte Leitzinserhöhung. Doch keines der Phänomene verweist auf eine nachhaltige Wirtschaftserholung in den USA, nur auf einen vorübergehenden relativen Standortvorteil. An der realen Wirtschaftsstruktur ist in den USA keine Verbesserung zu sehen, der wirtschaftliche Druck auf den Mittelstand ist noch immer groß – was Trump Wähler zuführt und ihn in Opposition zur Zentralbank bringt. Die US-Wirtschaft ist ein noch kaputter Junkie auf der Droge des billigen Geldes, insbesondere der globalen Dollarflut aufgrund des Leitwährungsstatus; Gegen einen Entzug wird sie sich heftig wehren. Die EU hat den USA nur eine kleine Atempause in der Nullzinsfalle verschafft.

Ein Nullzins ist eine Absurdität. Er folgt daraus, dass die Zinssenkungen zur Liquiditätsinjektion nur kurzfristig die Wirtschaft beleben können, sie langfristig aber immer abhängiger machen – und Abhängige brauchen immer größere Dosen bis zum goldenen Schuss. Was tun, wenn selbst der Nullzins nicht ausreicht? Denn auch zinslose Kredite müssen zurückgezahlt werden. Viel entscheidender als die Zinshöhe ist für die Kreditaufnahme die Einschätzung künftiger Rückzahlung durch künftige Einkommen.

Nun könnte man natürlich die Kreditaufnahme noch zusätzlich belohnen und subventionieren und damit eine geringere Rückzahlung erlauben. Das ist der Negativzins. Während der Nullzins schon eine schwer vermittelbare Absurdität ist, durchbricht der Negativzins eine symbolische Schwelle: Dann bekommen Sparer keine Prämien mehr, sondern nur Schuldner. Die Folge wäre eine Aufwertung von Bargeld – wenn Bankguthaben bestraft würden.

Sämtliche Zentralbankpolitik in der Nullzinsfalle ist darauf gerichtet, Liquidität in die Märkte zu bringen, ohne dass infolge der Intervention weitere Liquidität abgezogen wird. Es ist eine Falle, weil dieses Paradoxon letztlich nicht aufzulösen ist. *Quantitative Easing* war der Versuch, durch direktes Aufkaufen von Wertpapieren Liquidität in die Märkte zu bringen, ohne dabei an der Stellschraube der Leitzinsen für Bankkredite zu drehen. Billionen Euro später weisen weder Wirtschaftswachstum noch der (völlig falsche) Indikator Teuerung auf eine Erholung hin.

Die Devise, die Mario Draghi für die EZB ausgegeben hatte, war *„whatever it takes“*: Der Zweck heilige die Mittel, die Zentralbank würde alles tun, was nötig ist, um das Vertrauen in den Euro zu stützen. Aussagen wie diese zeigen schön die unvermeidliche Paradoxie: Langfristig nähren sie nicht das Vertrauen, sondern mindern es. Was ist denn als Nächstes nötig?

Der letzte Akt im geldpolitischen Drama

Die Notenbanken beschäftigen sich seit einiger Zeit hinter verschlossenen Türen mit Maßnahmen, wie im Zeitalter von Nullzinsen wirtschaftlichen Schocks effektiv begegnet werden kann. Dies Ideen sind extrem und besorgniserregend zugleich. Die realistischeren Lösungsansätze stellen die Abschaffung des physischen Bargelds zur besseren Durchsetzung von Negativzinsen, Helikoptergeld sowie die Finanzierung von Staatsausgaben über die Druckerpresse *(Modern Monetary Theory)* dar.

Digitales Bargeld

Kurzfristig gibt es nur einen Weg aus der Nullzinsfalle, wenn es nicht zu einem wundersamen Konjunkturaufschwung kommt: Feinsteuerung der Liquidität durch die Zentralbank, das heißt größere Kontrolle über Vermögenswerte. Dann umgeht die Zentralbank immer mehr die Geschäftsbanken, und die Technokraten können das Geld selbst dort schöpfen, wo es mangelt, und dort abziehen, wo es zu viel davon gibt.

Das Bargeld ist zwar von der Zentralbank geschaffen, hat aber nur aus Gründen notwendigen Vertrauenserhalts diese Form. Es trägt die alte, gewohnte Form eines sogenannten Sachgeldsurrogats – eines Inhaberpapiers, das einst gegen Vorlage von jedermann, ohne Lizenz und Ausweis, gegen Sachgeld eingelöst werden konnte. Das schlichte Verbot des Bargelds könnte dieses Vertrauen allzu plötzlich aufs Spiel setzen. Schlauere Politik ist stets eine der kleinen Schritte. Ein französischer Finanzminister hat die Staatskunst einst so auf den Punkt gebracht: Man muss die Gans so rupfen, dass sie dabei am wenigsten kreischt.

Praktischer wäre eine schleichende Ersetzung des Bargeldes. Und dabei hilft scheinbar der technische Fortschritt. In einer digitalisierten Welt, in der immer mehr Menschen fast nur noch mit dem Smartphone interagieren, bietet die Digitalisierung des Geldes großen Komfort.

Die EU ist hier weit hinten nach. China und ausgerechnet Afrika zeigen die Zukunft. Was in der EU die Regulierung verbietet, ist in China möglich: dass Technikunternehmen Zahlungsdienste entwickeln, ohne vorher Teil des Bankenkartells zu werden zu müssen. Entwicklungen wie diese sind nicht aufzuhalten, auch in der EU kommen sie, nur verspätet und daher mit weniger Wertschöpfung innerhalb der EU. Die „Fintechs“ verdrängen die Banken. In Afrika hingegen war kaum etwas zu verdrängen, da nur sehr wenige Bankkonten haben. Hier konnte man eine Stufe der Entwicklung überspringen und zahlt bereits ganz selbstverständlich mit dem Mobiltelefon.

Diese technische Entwicklung darf man nicht mit der politischen Verdrängung des Bargelds verwechseln. Digitale Zahlungen wären auch mit Inhaberpapieren denkbar. Wertpapiere müssen nicht mehr auf Papier gedruckt werden, damit hören sie aber nicht auf, Wertpapiere zu sein – unsere Sprache hält mit der Entwicklung nicht immer stand.

Die Verwechslung ist jedoch die größte Hoffnung der Zentralbankpolitik. Die neue EZB-Präsidentin Christine Lagarde hatte schon als Direktorin des Internationalen Währungsfonds eine große Affinität für das Thema Blockchain erkennen lassen. Sie wird mit großer Wahrscheinlichkeit an Zentralbanken-Blockchains tüfteln lassen.

Der Widerspruch wird klar, wenn man den Hype-Begriff Blockchain gegen den Begriff tauscht, der die Technik besser beschreibt: DLT – *distributed ledger technology* (Technik dezentraler, verteilter Datenbanken). Zentralbank-Bockchain könnte man also übersetzen als: Zentraldatenbank-Dezentraldatenbank. Es handelt sich um das genaue Gegenteil. Ob Verwechslung oder Täuschung: Der einfachste Ausweg für Zentralbanken in der Nullzinsfalle wäre, den Menschen das Verschwinden des Bargeldes als coole technische Innovation zu verkaufen. Das wäre derselbe Coup, der schon bei der Usurpierung des Sachgeldes durch Zentralbank-Zeichengeld gelungen ist.

Das Zentralbankgeld würde die äußere Form eines *Altcoin* übernehmen. So nennt man Krypto-Zeichengelder, die Alternativen zum Pionier Bitcoin darstellen. Die innere Logik wäre aber eine andere: Keine Zentralbank kann sich stur an einen einmal festgelegten Algorithmus halten. Und sie kann die Geldverfügung nicht einfach ohne Lizenz, Kartellgebühr, politische Macht jedem zugestehen. Sie würde bestimmten Konzernen Zugang zur neuen digitalen Liquidität geben, den Staaten und vielleicht gar als *Airdrop* den Bürgern. *Airdrop* nennt man die kostenlose Verteilung eines neuen *Altcoin*, um diesen zu bewerben.

Helikoptergeld und Grundeinkommen

Zentralbanken-*Airdrops* nennt man in der Ökonomik Helikoptergeld. Dies bezeichnet die direkte Verteilung neugeschöpfter Liquidität ohne Umweg über die Kreditschöpfung des Bankensystems. Helikoptergeld wird schon lange als Ausweg aus der Nullzinsfalle diskutiert. Bislang schreckten Zentralbanken davor zurück, denn das Bild ist drastisch und könnte Vertrauen in eine Währung allzu schnell aufbrauchen: frisch gedrucktes Bargeld aus einem Helikopter abwerfen, um so die Wirtschaft anzukurbeln.

Digitales Zentralbankgeld erlaubt ein subtileres Vorgehen. Jeder Bürger könnte ein Zentralbankkonto bekommen – vielleicht würde man dieses aus Gründen der Coolness *Wallet* nennen. Dann könnte der Abwurf ganz fair erfolgen, ohne dass sich die Menschen unter dem Helikopter prügeln: mit einer simplen Buchungszeile. Am Smartphone würde der helle Klang einer neuen Nachricht der coolen App ertönen, und die Zentralbank könnte den Pawlow'schen Hund in uns ordentlich zum Schwanzwedeln bringen: „Gratulation, Deine Dich liebende Zentralbank hat Dir gerade 1.000 Euro geschenkt. Viel Spaß damit!"

Dieser Ausweg aus der Nullzinsfalle wäre gewiss einer der populärsten. Nach einem Jahrzehnt der Umverteilung zu den Reichen auf dem Wege der Geldpolitik, würden endlich der kleine Mann und die kleine Frau etwas von der Geldschöpfung haben. Progressive Menschen würden endlich eine wichtige politische Forderung umgesetzt sehen: ein Grundeinkommen für alle, ein Bürgergeld, dass uns die dringende Atempause in den gehetzten Existenzen verschaffen kann, damit wir dann endlich nicht mehr von sinnlosen Jobs abhängig sind, sondern wirklich Sinnvolles tun könnten. Arbeitslosigkeit wäre kein Schreckgespenst mehr, anstelle von Angst würde Kreativität treten.

Es geht hier nicht um das Für und Wider dieser Visionen, nehmen wir sie einmal ernst. Der Pionier dieses Gedankens war auch ein Altösterreicher, Joseph Popper-Lynkeus. Seine Fassung war aber etwas ehrlicher. Er forderte ein Grundeinkommen, das allen Bürgern das Überleben sichert. In der damaligen, viel ärmeren Zeit dachte er dabei an Lebensmittel. Er stellte allerdings auch die wichtige Frage, woher diese Lebensmittel kommen sollten. Zentralbanken haben auch heute noch keine Replikatoren, die wie im Raumschiff Enterprise Lebensmittel so einfach wie Geldscheine drucken können. Popper-Lynkeus schlug eine allgemeine Nährpflicht vor. Nicht nur ein Dienst an der Waffe sollte für die Gemeinschaft nötig sein, auch ein Dienst am kollektiven Acker, um jedem das Überleben zu sichern.

Als das letzte Mal Menschen auf Äcker geführt wurden, um Nährpflichten zu erfüllen, zeigte sich ein unangenehmes Paradoxon, wie es typisch für politische Endlösungen ist: Die verfügbaren Nahrungsmittel wurden nicht mehr, sondern weniger! Im letzten Jahrhundert sind zig Millionen Menschen dabei verhungert, als sich die Politik um ihre Ernährung kümmern wollte und zu einer Kollektivaufgabe machte.

Das darf man Popper-Lynkeus nicht vorwerfen. Immerhin stellte er die richtige Frage, die heute meist übersehen wird. Dem Arbeitslosen fehlt nicht Arbeit, sondern Einkommen – da liegt die Idee vom Grundeinkommen schon richtig. Doch es fehlt nicht Nominaleinkommen – eine feste Zahl an Geldscheinen oder Guthaben –, sondern Realeinkommen – der Zugriff auf die Güter, die wir subjektiv anderen vorziehen.

1.000 Euro machen noch Freude. 1.000 Bolívar (die venezuelanische Währung, ersetzt durch „Bolívar Fuerte“, dann „Bolívar Soberano“ nach jeweils Streichung vieler Nullen) machen Ärger. Die Kosten der Buchungszeile sind höher als der Eingang. Noch kann man Menschen nicht zur Lieferung von Gütern gegen Euro zwingen – das wäre die „Nährpflicht“.

Was wäre die Folge, wenn wir jeden Monat ein Grundeinkommen in Zentralbankgeld erhalten? Betrachten wir den Fall eines monatlichen Grundeinkommens von 1.000 €. Das scheint ein plausibles Minimum, um ein angstfreies Leben ohne Luxus zu führen. Diejenigen mit höheren Einkommen und höherer Sparneigung würde ihr Verhalten kaum ändern. Diejenigen mit niedriger Sparneigung freuen sich über die Kontoauffüllung und werden sie wahrscheinlich für Konsum ausgeben, denn sonst wäre ihr Konto wohl nicht leer. Wir werden also eine massive Nachfragesteigerung bestimmter Produkte erwarten können: jener Produkte, die bislang als nicht leistbar angesehen wurden und nun leistbar werden. Das werden Wohnungen in einem schmalen Band leicht überdurchschnittlicher Miethöhen sein, leicht überdurchschnittliche Urlaube, leicht überdurchschnittlich teure Konsumgüter.

Wir können erwarten, dass bestimmte Güter aufgrund dieser Nachfragesteigerung teurer werden: genau die Güter, die nun leistbarer geworden sind. Relativ gewinnen werden die Eigentümer und Produzenten solcher Güter. Relativ verlieren werden diejenigen, für die diese Güter vorher knapp erreichbar waren, die aber noch mit dem Kauf zuwarten müssen: etwa diejenigen, die länger auf eine etwas größere Wohnung gespart haben. Können sie sich diese dank des Grundeinkommen nun eher leisten? Wahrscheinlich nicht. Bis sie genug gespart haben, ist die Preissteigerung der Wohnung genau dieser Größenordnung wohl schon höher als alles, was sie bislang an Grundeinkommen verdient haben.

Gleichverteilung krankt immer daran, dass die Menschen zwar ähnlich, aber nicht gleich sind. Der ökonomische Irrtum, dass gleich viel Geld für jeden einen gleichmäßigen positiven Effekt habe, heißt Neutralität des Geldes. Tatsächlich mindert auch Helikoptergeld die Verzerrung nicht, sondern führt zu neuen Verzerrungen. Menschen verhalten sich nicht gleichmäßig, sondern erratisch: Lange halten Gewohnheiten, bis sie rasch, manchmal panisch geändert werden. So könnte schon die Ankündigung des Grundeinkommens dessen Kaufkraft soweit mindern, dass es zu wenig zum Leben ist: wenn die Menschen die Folgen antizipieren und damit verstärken. Dann würden sie noch panischer in Sachwerte flüchten: in jene Immobilien und Aktien, die am stärksten von der Nachfrageänderung aufgrund der Verzerrung durch das Grundeinkommen profitieren. Am einfachsten aber: Sie verschieben schlicht ihre digitalen Euro nach Zahlungseingang sofort in ihrer Fintech-App in Währungen ohne Helikoptergeld, was den Euro-Wechselkurs zu Boden drücken würde und als nächste Intervention Kapitalverkehrskontrollen bräuchte. Die Antizipation solcher Kontrollen und Verbote würde die Flucht aus dem Euro noch verstärken. Kapitalverkehrskontrollen treffen immer die etwas Langsameren, Immobileren, weniger Liquiden – kurz, genau die Kleinen, denen ja angeblich die Geldzuteilung zugutekommen soll.

Vollgeld und Modern Monetary Theory

Heutige Politiker aber wissen schon, dass den Bürgern eigentlich nicht zu trauen ist. Dass der Bürger mit seiner Grundeinkommens-Apanage genau das Falsche macht, nämlich es weiter der Realwirtschaft zu entziehen, wird eingefleischte Politiker nicht überraschen. Darum ist das Helikoptergeld als Bürgergeld nicht so wahrscheinlich. Allenfalls käme es als kleiner Teil der neuen Geldschöpfung, um auch die kurzfristiger denkenden Wähler gewogen zu halten.

Wahrscheinlicher sind keynesianische Ausgabenprogramme, direkt über Geldschöpfung finanziert. Im Gegensatz zu Helikoptergeld für jedermann würde die Finanzierung von „Bildung“, „Klimaschutz“, „Entwicklung“ mehr Posten für Akademiker, Experten und Berater ermöglichen und damit einen größeren Anteil am Kuchen für die politischen Entscheider und Meinungsmacher bedeuten.

Voraussetzung für die politische Steuerung der Geldschöpfung wäre die Eingliederung der Zentralbank in die Finanz. Dann bräuchte es auch keine Banken mehr, sie könnten als Zentralbankfilialen und letztlich Finanzamtsschalter verstaatlicht werden.

Ein erster Ansatz in diese Richtung setzt daher an der Bankenkritik an. Die Vertreter eines „Vollgeldes" kritisieren völlig zurecht die Privilegierung eines Kartells von staatsnahen Privatunternehmen, denen lange ein großer Teil der Geldschöpfung und damit möglichen Profite vorbehalten war. Das Wort vom „Bankbeamten" zeigt schon an, dass der Sektor über seine Nützlichkeit hinaus aufgebläht war. Typische Banken sind heute erschreckend wenig innovativ, typische Bankberater erschreckend ahnungslos. Mit den Bankiers der Vergangenheit haben sie als Strukturvertriebler so viel zu tun, wie der Gastgeber einer Tupperparty mit einem Kunststofftechniker.

Daher fordern die Vertreter des „Vollgeldes", die Geldschöpfung allein einer politisch legitimierten Institution vorzubehalten. Die so aufgewertete Zentralbank sei dann als „Monetative" wie eine Gewalt in der demokratischen Gewaltenteilung zu behandeln, mit klarem Mandat und Rechenschaftspflicht.

Dieser Glaube an Demokratie ist respektabel, aber am ehesten den Schweizern abzunehmen. Darum hat dieser Ansatz in der Schweiz auch am meisten Anhänger gefunden – aber noch immer zu wenige, um wirklich demokratisch durchgesetzt zu werden. Die überwiegende Zahl der Wähler interessiert sich für Geldpolitik erst dann, wenn sie es in der Geldbörse spürt – wenn es also zu spät ist. Das ist auch in der vorbildlichen Schweiz nicht viel anders.

Eine „Monetative" wäre eine genauso „unabhängige" und „transparente" Gewalt, „kontrolliert" durch die anderen Gewalten wie Legislative, Exekutive und Judikative: nämlich langfristig in der Hand von nach Parteienproporz zugeteilten Funktionären. Das sind hauptsächlich Leute, die noch nie selbst und ehrlich Geld verdient haben, das nicht aus „Budgets" stammt, seit ihren Karriereanfängen in der Studentenvertretung. Bloß ist Geldpolitik noch eine Größenordnung komplizierter und schwerwiegender als etwa Genderpolitik und Tierschutzpolitik.

Es ist schon fast zu einfach, Banken zu kritisieren. Wer garantiert, dass die lokalen Zuteilungsfunktionäre eines nationalen Vollgeldes kompetenter sind als Bankiers? Vermutlich wird man sich bald den Bankbeamten zurückwünschen, der immerhin der Disziplin einer Bank unterliegt, direkt mit Kunden zu tun hat und daher vor Übermut bewahrt ist. Der Wettbewerb zwischen Banken und neuerdings mit Fintechs, die globale Mobilität und die Unwägbarkeiten der Geldpolitik lassen die Kompetenz der Bankiers gerade wieder wachsen – weil auch die größten Banken nicht mehr so sicher sein können, ob sie das nächste Mal wirklich gerettet werden oder nicht bloß verstaatlicht. Viele Geldreformer könnten wahrscheinlich nicht einmal die „Bank" eines kleinen Sparvereins zuverlässig führen, sollten sich also etwas zurückhalten, stets die höchste Kompetenz und Charakterstärke derjenigen anzunehmen, die sie noch nie beweisen mussten.

Noch etwas weiter als das Vollgeld geht die *„Modern Monetary Theory"*, eine vermeintlich moderne Geldtheorie. Der Name ist lustig, denn es handelt sich um eine ziemlich alte Theorie – eine Neufassung der „Staatlichen Theorie des Geldes" nach Georg F. Knapp, auch bekannt als Chartalismus. Als diese Theorie aufkam, war sie absurd. Sie negierte jede Geldtheorie und hielt schlicht fest: Geld ist genau das, was der Staat als Geld definiert. Zuerst ausgedrückt hatte sie wieder ein Franzose: König Philipp VI. meinte, er könne Kurs und Preis der von ihm geprägten Münzen so festsetzen, „wie es uns gefällt und gut erscheint".

Die „Deckung" des staatlichen Geldes sei nämlich Gewalt: Jeder müsse Steuern in diesem Geld abführen, darum sei es wertvoll. Wenn der Kurs nicht passt, dann erhöhe man einfach die

Steuern und zusätzliche Geldnachfrage hebe wieder den Kurs. Diese Erklärung nicht bloß der Dominanz eines Geldes, sondern auch seiner Kaufkraft durch Gewalt war in einer Zeit ohne die technischen Möglichkeiten der Überwachung, automatisierten Steuereintreibung und totalen Verwaltung eher lachhaft. Philipp VI. war ziemlich nackt.

Der große altösterreichische Ökonom Carl Menger sah in der Entwicklung dieser simplen Allmachtphantasie zu hochtrabender ökonomischer Theorie durch den Deutschen Gustav Knapp ein düsteres Vorzeichen für die weitere Entwicklung des deutschen Volkes. Das war prophetisch. Menger hatte das Aufkommen des Totalitarismus früher als viele andere gespürt.

Ökonomische Theorie hat eine paradoxe Wirkung: Wenn Realität und Theorie nicht zusammenpassen, umso schlechter für die Realität! Seit Menger hat sich die Welt dramatisch verändert. Heute ist die staatliche Theorie des Geldes in ihrer modernen Fassung näher an der Realität als die Lehrbuch-Ökonomik des Hauptstroms, die diese Realität mehr durch falsche Prämissen als durch bewusste Pläne mit hervorgebracht hat. Wie der Vollgeld-Ansatz ist die *Modern Monetary Theory* (MMT) der Ökonomik, die an den Universitäten hauptsächlich unterrichtet wird, analytisch überlegen. Es ist also völlig verfehlt, wenn etablierte Ökonomen die Vertreter dieser Ansätze als Spinner abtun.

So richtig die MMT das aktuelle Zeichengeld erfasst, so falsch liegt sie bei den Schlüssen. Denn Menschen sind eben paradox. Wenn man meint, ihr Verhalten verstanden zu haben, und sie deshalb anders behandelt, verändern sie sich. MMT geht davon aus, dass der Staat keine Gläubiger braucht, sondern sich selbst beliebige Mittel in der eigenen Währung schaffen kann. Steuern dienen daher nicht der Staatsfinanzierung, sondern – gemäß dem Wortsinn – nur dem Steuern, indem sie dem Geld Wert geben und Liquidität aus den Märkten abziehen. Die Politik könne und solle daher darauf verzichten, Zinsen für Staatsanleihen zu bezahlen, und den Banken die Geldschöpfung entreißen. Anstelle der Ausgabe von Staatsanleihen stünde dann direkt die Ausgabe von Zentralbankgeld – eine rein optische Änderung, wenn die Zentralbank ohnehin beliebig Geld schöpft, um Staatsanleihen aufzukaufen.

MMT wäre also Dauer-Nullzins für den Staat, ganz ohne Falle, denn der Staat könne ja die Liquidität direkt in die Märkte pumpen, anstelle sie dem Finanzsektor in den Rachen zu werfen, und so die Wirtschaft beleben. Dann sprudeln auch die Steuereinnahmen und es wird automatisch Liquidität abgezogen. Der Staat könnte die Steuereinnahmen auch einfach verbrennen oder löschen, er brauche sie ja nicht zur Finanzierung. Damit würde eine Hyperinflation verhindert. Der Geldwert würde durch die Technokraten stabilisiert, die nun viel mehr Möglichkeiten hätten: Statt simple Leitzinsen würden sie unzählige Leitsteuern festsetzen. Kaufen die Menschen zu viele Immobilien, würde einfach die Steuer darauf erhöht.

Vollgeld betont etwas mehr – ganz wie der harmonische Schweizer – den gesellschaftlichen Konsens, MMT – ganz wie der pragmatische Amerikaner – die Gewalt. Die alten Griechen hätten erkannt, dass es auf dasselbe hinausläuft, wenn die Mehrheit entscheidet, wem der nächste Raubzug gilt. Auf das Problem hatte der altösterreichische Ökonom Eugen Böhm von Bawerk schon hingewiesen: Macht schlägt ökonomisches Gesetz allenfalls kurzfristig, langfristig kann sie wenig dagegen ausrichten.

Was sagt ein ökonomisches Gesetz voraus? Gemeint ist damit die Dynamik, die erkennbar wird, wenn wir uns empathisch in die vielen Einzelmenschen hineinversetzen, wie sie reagieren könnten, ohne Absicht und Ergebnis schon gleichzusetzen, ohne Übermoral anzunehmen oder Allwissenheit.

Würde ein verrückter Machthaber eine Steuer in von ihm signierten Autogrammkarten einheben, dann würden diese gewiss im Wert steigen. Aber würden die Menschen ihre Buchhaltung und Ersparnisse deshalb auf sein signiertes Konterfei umstellen, als wäre nichts geschehen? Würden sie ruhig vor sich hin wirtschaften und weiter fleißig Güter für Autogrammkarten produzieren? Im Wissen, dass der Machthaber einfach neue signiert, wenn er mehr davon in Umlauf setzen möchte und es keine grundsätzliche Schranke der Vermehrung gibt? Wahrscheinlicher ist, dass die Schlaueren seiner Untertanen Autogrammkarten jeweils kurz vor der Steuerzahlung anschaffen würden, und bis dahin Güter nur gegen Sachwerte tauschen, die weniger der Willkür des verrückten Machthabers unterliegen. Sie würden ihre Einkommen und Vermögen verstecken oder reduzieren, um möglichst wenig Autogrammkartensteuer bezahlen zu müssen. Nur die verrücktesten Ideologen glauben, Venezuela könnte den Wechselkurs des Bolívar stärken, indem es noch höhere Steuern eintreibt und Steuerflüchtlinge mit Agenten in den USA jagt.

Wenn der einzige Grund für den Wert des Euro wäre, dass man Steuern darin abführen muss, dann wäre wirklich Flucht angesagt. Denn, wenn die steuerzahlende Minderheit – wie ein Münchhausen am eigenen Schopf – durch ihre Steuerzahlung auch noch den Wert ihrer Ersparnisse „besichern" soll, wird sie weiter schwinden. Dann könnte nur noch Zwangsarbeit den Euro „decken". Dieser wäre dann wohl eine digitale Rationierungskarte für die Lebensmittel in der Kaserne der „allgemeinen Nährpflicht".

Ausblick

Lassen Sie sich nicht täuschen, wir befinden uns mitten im politischen Kampf um die Kontrolle des Geldes, denn die vorherrschende Geldpolitik ist bereits an ihre Grenzen gestoßen und bedroht die Stabilität des Finanzsystems. Aus diesem Grund planen aktuell Notenbanker und Politiker noch extremere Kontrollmechanismen, die unsere persönliche Freiheit einschränken sollen. Das ist kein Hirngespinst, sondern leider traurige Realität. Die in den Zentralbanken tätigen Ökonomen gehören zwar noch zu den klügsten, unterliegen aber den Sachzwängen einer Falle, in die sie durch politische Begehrlichkeiten und falsche Prämissen getrieben wurden.

Die politischen Begehrlichkeiten jener, die stets zu wenig Geld für ihre großen Weltbeglückungspläne haben, machen sich die Krisenangst zunutze. Ihre Devise ist: Geld her oder es kracht! Wenn nicht „alles getan werde, was nötig ist“, um Liquidität zu schaffen und zu verteilen, dann käme die große Krise und mit ihr wieder Faschismus und Weltkrieg. Hoffentlich handelt es sich hierbei nicht um selbsterfüllende Prophezeiungen, denn Ideen prägen die Realität.

„Geld her“ bezeichnet auch demokratische Ungeduld. Diese beruht auf dem Gedanken, dass man nur die kleinen Männer und Frauen ranlassen müsste, damit sie im gesellschaftlichen Konsens bessere Entscheidungen treffen. Die Demokratisierung des Geldes könnte so eine wichtige Etappe zur Demokratisierung der Wirtschaft sein. Das klingt charmant, bis man ein wenig Übersetzungsarbeit leistet. Wirtschaftsentscheidungen in vermeintlich demokratischen Räten, das nennt man auf russisch Sowjet. Vermeintlich, denn stets dominieren diejenigen, die nichts Sinnvolleres zu tun haben, als Rat zu halten und über das Leben derjenigen zu entscheiden, die andere Prioritäten haben als das lebensfremde Politisieren. Es sind nie Mehrheiten, sondern stets Minderheiten, die sich als Volk proklamieren.

Das demokratische „Geld her" könnte – eher im Schweizer Sinne – auch bedeuten, die Kontrolle über die Geldschöpfung Eliten zu entreißen, die Eigeninteressen dienen und nicht dem Bürger. Doch wem soll man die Kontrolle übertragen? Soll Geldpolitik auf der Rütliwiese erörtert werden? Die globale Wirtschaft hat eine solche Komplexität, dass sie sogar die Fähigkeiten von Experten übersteigt, die sich vollzeitig damit beschäftigen. Deren Prognosen sind nicht besser als Zufallstreffer, sondern sogar deutlich schlechter.

Demokratie im einzig funktionellen Sinne bedeutet Subsidiarität und Dezentralismus, sodass Entscheidende und von Entscheidungen Betroffene möglichst gut übereinstimmen, um aus falschen Entscheidungen zu lernen und nicht ganze

Kontinente mitreißen. Wer sich zumutet, einen ganzen Währungsraum „managen" zu können, unterliegt wahrscheinlich krankhafter Selbstüberschätzung.

Der Gärtner wurde zum Bock: Die Zentralbanken, die für Stabilität sorgen sollten, wurden zu Urhebern zyklischer Instabilität. Ökonomen haben ihre Zunft mit einer Ingenieurwissenschaft verwechselt und damit eine Geldplanwirtschaft ins Leben gerufen, welche die Folgen jeder Planwirtschaft zeigt: geplantes Chaos. Die Steuerversuche führen zur Unsteuerbarkeit.

Alles, was der Planungshybris im Weg ist, ob vermeintliche Irrationalität oder vermeintlicher Egoismus, gibt noch ein wenig Halt und Hoffnung. Als verzweifelte Politiker das letzte Mal „Geld her!" riefen, „gebt Gold für Eisen", da war Flucht angesagt. Wer vertraute, hat dafür teuer bezahlt.

Letztlich ist Politik, auch Geldpolitik, aber auf Vertrauen angewiesen. Das macht Mut. Der Wahnsinn des letzten Jahrhunderts war nicht geheimer Plan kleiner Eliten, sondern Massenwahn – aus der legitimen Sehnsucht nach Gemeinschaft. In einer digital vernetzten Welt, in der Propaganda immer schlechter funktioniert, ist der Widerspruch schwerer auszublenden. Interventionen erreichen oft ihr Gegenteil. Die Zentralbanken sind auch deshalb in der Nullzinsfalle, weil ihr Instrument der Zinsintervention stumpf geworden ist, weil es immer mehr Möglichkeiten für kluge, mobile und unternehmerische Leute gibt, auszuweichen. Menschen werden nicht einfach wie Roboter produktiver, wenn mehr künstliche Liquidität die Märkte flutet, sondern wenn sie Sinn in der Produktivität empfinden. Die verzerrten Märkte führen in Europa schon zu wachsender Produktivitätsverweigerung, und man kann es den Menschen nicht verübeln, wenn sie damit liebäugeln, das schuldengetriebene Hamsterrad des hochbesteuerten freudlosen Arbeitsplatzes in Zombieunternehmen oder Behörden zu verlassen.

Auch diese Reaktion ruft dann oft „Geld her!", meint aber eigentlich „Lasst mich in Frieden mit eurem Geld!", und reagiert auf Schuldendruck, Wachstumsdruck, Renditedruck – Folgen der Geldmengenblähung. Auch das Verlangen nach einem Grundeinkommen ist verständlich. Es klingt nach unverschämtem „Geld her!", meint aber eigentlich: Lasst mir doch ein stressfreies Minimum, bei dem ich mich gelegentlich aus dem Hamsterrad ausklinken kann, ohne dramatische Existenzangst, dass ich in der Karrierepause den Anschluss an die Geldentwertung verpasse.

Kommen wir zurück zu den verschiedenen Perspektiven hinter den verschiedenen Geldgeschichten, um einen positiveren Ausblick zu wagen. Die erste Perspektive ist die Sehnsucht nach Gemeinschaft. Diese ist ein Grundbedürfnis, das in einer großen Gesellschaft nicht kleiner wird, sondern im Verborgenen wächst. Geld ist auch eine Kooperationsform und damit natürlich Ausdruck unseres Zusammenlebens. Es ist nicht dumm, Ansätze zur Gesundung und zum Neuaufbau von Gemeinschaft im Geld zu sehen.

Gemeinschaften benötigen Homogenität – und wenn diese gegeben ist, dann ist nahezu jede Konvention denkbar. Meist zeichnet sich eine Gemeinschaft dadurch aus, dass sie nach innen gar kein Geld benötigt. Geld erleichtert den Ausgleich von Reziprozität; Wenn sich alle kennen oder starker sozialer Druck besteht, dann ist ein sachliches oder symbolisches Festhalten gar nicht nötig. Dann ist das Geld allenfalls Symbol der Gemeinschaft, ein Zeichen der gemeinsamen Identität, das keine eigene Sachlichkeit hat und auch nicht sonderlich ernst genommen wird. Das wäre reines und problemloses Zeichengeld: Ein öffentliches Karmaverzeichnis, das nicht über Existenzen bestimmt, sondern spielerisch das Miteinander würdigt.

Die zweite Perspektive ist das staatliche Geld, Instrument zur Steuerung der Menschen zu ihrem Wohle. Am ehesten entspricht dieses einem „*Social Credit*" – einem System von gewaltbasierter und -gedeckter Schuld. Wie ein solches System in digitalisierter Form aussehen kann, damit experimentieren die Chinesen. Sie machen das mit weniger Ideologie und mehr Pragmatismus. Das Ziel der Parteiführung ist, die Menschen zu verbessern. Für schlechtes Verhalten werden sie durch größere Schuld bestraft, für gutes Verhalten mit *Social Credit* belohnt. Dabei täuscht diese Begrifflichkeit natürlich geschickt darüber, dass dieses Guthaben nur deshalb für die Menschen wertvoll ist, weil sie die Schuld fürchten sollen. Schuld in diesem System bedeutet nämlich gewaltsame Lebenseinschränkung, wie etwa das Aufheben der Reisefreiheit. „Geld her oder es kracht“ meint in dieser Perspektive: Ihr dummen Untertanen richtet doch nur Unsinn mit eurem Geld an, lasst uns ran, um den Staat vor euren Fehlern zu schützen.

Diese Perspektive kann man teilen. Es ist nicht gänzlich ausgeschlossen, dass Experimente dieser Art gelingen können. Vielleicht lassen sich Erwachsene wirklich durch Zuckerbrot und Peitsche zu besseren Menschen machen. Als Europäer sollten wir hoffen, dass das nicht der Fall ist, denn das hätte dramatische Folgen für unser Menschenbild. Wir sollten uns dann eher früher als später neuen chinesischen Zuchtmeistern ergeben und auf ihre weise Führung und Umerziehung hoffen.

Noch schlimmer als die chinesische pragmatische Ehrlichkeit ist aber die ideologische Blendung: Wenn Menschen die Umerziehung einfordern, ohne sich selbst die Hände schmutzig machen zu wollen. Wenn sie große Pläne wälzen, ohne den Willen, Pläne umzusetzen und ihre Folgen auszubaden. Wenn sie nach Gemeinschaft rufen, aber Zwang meinen – diesen aber negieren und ausblenden. Wenn sie mit eigenem Geld nicht umgehen können, aber stets wütend nach dem Geld der anderen verlangen.

Die dritte Perspektive ist die der großen Gesellschaft. Gesellschaft bezeichnet die Gruppe, mit der man einen Saal teilt. Man kennt sich nicht persönlich, man hat andere Meinungen, Prioritäten und Präferenzen, aber man fürchtet sich nicht und hasst sich nicht. Man vertraut auf die Friedlichkeit anständiger Menschen, die von Fremden durch Kooperation mehr zu gewinnen haben als durch Feindschaft. Eine Gesellschaft braucht ein *pecunia quae non olet*, ein neutrales Geld, das nicht politisiert oder polarisiert, nicht manipuliert, nicht Identitätssymbol oder Gewaltinstrument ist. Es lässt dem Einzelnen seine Privatsphäre, weil es völlig fungibel ist. Fungibilität ist der ökonomische Ausdruck für das „non olet", dass keine Gerüche angenommen werden. Geld ist dann rein sachlicher Vertreter ohne Herkunftshinweis. Fungibilität erweitert den Tauschkreis beträchtlich und stiftet auch zwischen jenen Frieden, die sich sonst absolut „nicht riechen können", kommt ohne Dritte aus, die prüfen, zuteilen, zulassen müssen. Hier liegt die Bedeutung des Bargelds, aber auch andere Wertformen können fungibel sein.

Eine Gesellschaft zeigt überlagerte Kreise unterschiedlicher Vertrauensbasis. Sie schließt Gemeinschaften keinesfalls aus, gesteht nur zu, dass die wenigsten die Wohlstandseinbuße des Gemeinschaftslebens oder gar der Einsiedelei freiwillig der arbeitsteiligen Gesellschaft vorziehen, und erlaubt daher stets den freiwilligen Austritt aus der Gemeinschaft. Gesellschaft ist vielfältig und wird mehrere Geldformen zeigen, auch wenn sich als finales – vertrauenslos schuldbefreiendes – Zahlungsmittel eines durchsetzen könnte. Vorhersagen kann man den Ausgang dieses Entdeckungsprozesses nicht. Sogar „Social Credit" könnte eine Rolle spielen. Wer mag, darf sich Erziehungsversuchen unterordnen – oder sie als geringeres Übel wählen.

Was der ergebnisoffene Entdeckungsprozess für die Geldpolitik bedeutet, hat Friedrich A. von Hayek einmal beiläufig in Worte gefasst, die heute prophetisch klingen:

> Ich glaube nicht, dass wir jemals wieder gutes Geld haben werden, bevor wir die Sache nicht den Händen des Staates entrissen haben. Wir können sie nicht gewaltsam entreißen, alles was wir tun können, ist, in einer listigen, indirekten Weise etwas einzuführen, das sie nicht aufhalten können.

Geld her oder es kracht! – das könnte auch die Warnung stolzer Bürger an jene Besserwisser sein, die es selten besser machen. Eure Geldexperimente sind in der Sackgasse. Lasst uns wieder Lernen lernen. Lasst viele kleine Experimente auf eigene Kosten blühen, anstatt ständig die Kosten der großen Experimente zu sozialisieren. Entlasst den Menschen in die Mündigkeit und Eigenverantwortung. Dann verliert auch das Krachen und Scheitern seinen Schrecken und wird zur Gelegenheit für Neues und Besseres.

Zehn Empfehlungen für Anlegerinnen und Anleger

Was kann der einzelne tun? Sich seines eigenen Verstandes zu bedienen, bedeutet, dass die Ungewissheit der Zukunft an niemanden abgetreten werden kann, schon gar nicht an Autoren einer Streitschrift. Da Eigenverantwortung aber systematisch abtrainiert wird, fordert die wachsende Ohnmacht und Orientierungslosigkeit konkrete Anleitungen. Liebe Leser, versuchen wir einen Kompromiss mit zehn einfachen Daumenregeln:

1. Vermeiden Sie Klumpenrisiken. Ein typisches Klumpenrisiko sieht so: Sie arbeiten für eine inländische Bank, beziehen ihr Einkommen in heimischer Währung, halten ihre geringen Ersparnisse bei derselben Bank, sind durch eine kreditfinanzierte Immobilie immobil am selben Ort und abhängig von jenem Einkommen. Versuchen Sie Ihre Unabhängigkeit zu vergrößern, durch Zusatzeinkommen und Ausgabenreduktion, durch Vergrößerung und Streuung ihrer Reserven, über Anlageklassen und Jurisdiktionen, durch Abbau von Verpflichtungen und Horizonterweiterung.
2. Erhöhen Sie Ihre Liquidität durch Notreserven in Gold, Bitcoin, Bargeld, insbesondere in harten Devisen.

3. Beziehen Sie Gold bei durchschnittlichen Vermögen in Unzengröße, möglichst anonym gekauft. Nicht, weil Sie Böses im Sinn haben, sondern, weil Gold der Notnagel für den Fall ist, dass Sie Staat, Noten- und Geschäftsbanken überhaupt nicht mehr vertrauen können. Daher sollten Sie Ihr Gold auch bankenunabhängig lagern.
4. Im neuen Feld der Kryptowährungen hat Bitcoin gerade einmal zehn Jahre am Buckel. Machen Sie sich damit vertraut. Zur Liquiditätsabsicherung kann man nicht mehr als ein paar Prozent Beimischung guten Gewissens empfehlen, außer Sie sind so begeistert von der neuen Anlageklasse, dass Sie die Ungewissheit des Neuen voll schultern wollen.
5. Bauen Sie Positionen eher sukzessive auf als durch große Einmalspekulationen und renormieren Sie regelmäßig (etwa einmal im Jahr) ihre Vermögensverteilung. Das bedeutet den Abverkauf kleiner Teile stark gestiegener Anlagewerte und den ebenso kleinteiligen Zukauf momentan günstigerer Anlagewerte. Eine simple Faustregel ist etwa das grobe Vierteln der „gehorteten" Ersparnisse (das heißt der Liquiditätssicherung dienenden Anlage) zwischen bekannteren und robusteren Aktienwerten, langlaufenden Anleihen hoher Bonität, Bargeld und Gold.

6. Über das bislang beschriebene Horten hinaus geht das Investieren. Das ist noch ungewisser, erfordert nämlich Unternehmertum. Investieren Sie primär in sich selbst: Ihr Wissen und Ihre Wertschöpfung, entweder im eigenen Unternehmen oder in realistische Möglichkeiten für Zusatzeinkommen, das passiv oder durch Sie mit vertretbarem Aufwand erzielbar ist.
7. Befreien Sie sich von kurzfristiger Panik und politischer Ungeduld. Meiden Sie Schlagzeilen und verkürzte „öffentliche Debatten", die nur polarisieren und nicht der Erkenntnis dienen.
8. Treten Sie für finanzielle Privatsphäre ein, gerade, wenn Sie „nichts zu verbergen haben". Überwachung verhindert weniger Missbrauch, als sie neuen ermöglicht. Die Bedeutung von Bargeld liegt genau darin, jedermann etwas Liquidität abseits der Kontrollstrukturen und damit letzte Freiräume zu erlauben, wenn die meisten anderen illiquid sind.
9. Beteiligen Sie sich nicht am gesellschaftlichen Kapitalkonsum, sondern ermutigen Sie, belohnen Sie und verteidigen Sie die letzten Reste realer und ehrlicher Wertschöpfung und sichern Sie dieser den nötigen Freiraum vor Bevormundung und Neid. Sonst droht ein Wirtschaftswunder im Rückwärtsgang: ein europäisches Verarmungswunder.

10. Stärken Sie Gemeinschaft im Kleinen und Lokalen und entziehen Sie dem politischen Missbrauch der Gemeinschaftssehnsucht die Legitimität. Kontrolle, Gleichschaltung, Umverteilung und Regulierung schaffen weniger Ausgleich und Gerechtigkeit als neue Schieflagen und Ungerechtigkeiten.

Literaturempfehlungen

Roland Baader: Das Ende des Papiergeld-Zeitalters, Johannes Müller-Verlag, 2016.

Roland Baader: Geld, Gold und Gottspieler, Resch-Verlag, 2005.

Roland Baader: Geldsozialismus, Resch-Verlag, 2010.

Ludwig von Mises: Menschliches Handeln, mises.at, 2019.

Rahim Taghizadegan, Roland Stöferle, Gregor Hochreiter: Die Nullzinsfalle – Wie die Wirtschaft zombifiziert und die Gesellschaft gespalten wird, Finanzbuchverlag, 2019.

Rahim Taghizadegan: Helden, Schurken, Visionäre – Entrepreneure waren gestern, jetzt kommen die Contrepreneure, Finanzbuchverlag, 2016.

Rahim Taghizadegan, Roland Stöferle, Mark Valek: Österreichische Schule für Anleger, Finanzbuchverlag, 2014.

Rahim Taghizadegan: Wirtschaft wirklich verstehen – Einführung in die Österreichische Schule der Ökonomie, Neuauflage, Finanzbuchverlag, 2018.

Rahim Taghizadegan

ist österreichischer Ökonom und Gründer der privaten Hochschule Scholarium in Wien (scholarium.at).

Er ist mehrfacher Bestseller-Autor und gefragter Redner, insbesondere zum Thema Geld und Vermögensanlage. Mit seinem Titel „Österreichische Schule für Anleger" war er für den Deutschen Finanzbuchpreis 2015 nominiert.

In dieser Reihe bereits erschienen:

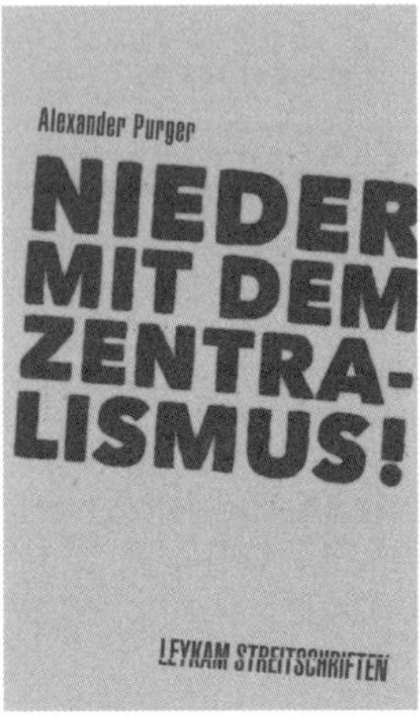

56 Seiten
ISBN 978-3-7011-7965-7

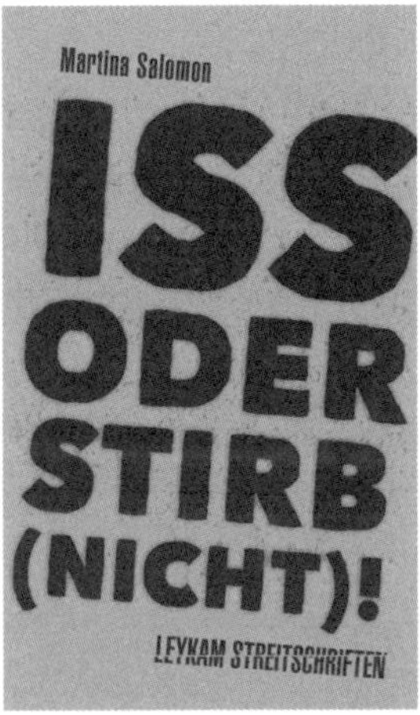

56 Seiten
ISBN 978-3-7011-7919-0

60 Seiten
ISBN 978-3-7011-7918-3

84 Seiten
ISBN 978-3-7011-7978-7

erhältlich auch als ebook

68 Seiten
ISBN 978-3-7011-8007-3

erhältlich auch als ebook

116 Seiten
ISBN 978-3-7011-8043-1

Mehr auf www.streitschriften.at